U0100398

大展好書　好書大展
品嘗好書　冠群可期

大展好書　好書大展
品嘗好書　冠群可期

實用武術技擊 27

詠春拳木人樁應用法

附VCD

韓廣玖 著

大展出版社有限公司

該書謹獻給：

我的父親武術啓蒙老師——韓健忠（中國人民解放軍第四野戰軍指戰員）

培養我成長的母親——周淑貞（新中國第一代女副火車司機）

與佛山詠春師祖梁贊先生的曾孫，第七代詠春嫡傳傳人——梁文樂先生合影。

佛山　梁贊先生　詠春宗師

韓廣玖師傅留念

詠春拳馴伏深山猛虎

半點棍束縛碧海蛟龍

佛山梁贊先生字德榮之曾孫
梁文樂敬贈并書
二〇一〇年夏時八十九歲

詠春拳木人椿應用法

4

佛山詠春拳祖師梁贊先生
　祖師壽享71歲，終於大清
光緒廿年，甲午五月廿七日未
時，葬於南海石灣大字崗。

梁贊先生之子梁碧和公

葉問師傅之一

　詠春拳五代嫡傳宗師，和陳華
順公同門師兄弟

　贊先生之長孫心培梁公，別字騰超
　梁氏家族祖傳廿二世，生於光緒六
年庚辰九月初六，終於民國廿五年丙子
五月廿日，壽享五十七歲。詠春拳六代
宗師，詠春六代嫡傳傳人。

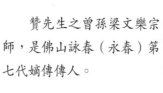

　　贊先生之曾孫梁文樂宗
師，是佛山詠春（永春）第
七代嫡傳傳人。

作者與廣州詠春張楠師傅合影。

作者與獲 2010 年國際詠春邀請賽，無級別散打、黏手的雙料冠軍陳國飛合影。

作者與獲 2010 年國際詠春邀請賽 60 公斤散打、黏手的雙料冠軍邱敏眉合影。

作者與獲 2010 年國際詠春邀請賽 70 公斤級冠軍董亮合影。

作者簡介

韓廣玖　1956年出生於廣州，自幼隨父習武，16歲從名師譚迪修蔡李佛拳，20歲參軍入伍並在邊防部隊磨練多年，20世紀80年代，先後師從詠春拳（梁贊派系）嫡傳八代傳人彭南及佛山太極宗師區榮鉅研習詠春拳及楊式太極、六合八法等拳術，同時專注於南派武術的系統研究並卓有成效，是中國武術段位五段武師，佛山武術協會理事。曾任廣東省佛山市精武體育會第23、24界理事，佛山市詠春活動中心副主任。

韓廣玖先生視研究和弘揚中華武術爲畢生事業，不僅爲此傳藝授徒，還注重深入生活，博取各家之長，突破傳統地域的限制，結合實際變通創新，逐步形成自己獨特的技藝風格，並提筆整理撰編武術專

著。已先後出版了《羅漢伏虎拳》、《蝴蝶雙掌與蝴蝶雙刀》、《鐵弓三線拳與行者棍》和《五形拳與十八纓槍》等多部南少林武術書籍，豐富和充實了中國傳統武術理論思想寶庫，爲海内外武術愛好者提供了重要的參考資料，深受海内外武術愛好者的青睐。

前　言

　　本書也屬詠春拳系列之一。早在1996年，我受師托，不辭勞苦，除每日在公園教授本門詠春拳外，還努力提筆整理了《 詠春拳入門必讀 》、《 小念頭 》、《 尋橋、標指 》、《 木人樁 》、《 黏手與散打 》五本武術圖書，經山西科技出版社出版後，引起了很大的反響。全國各地廣大武術愛好者，有的親自登門求教，有的由信件交流切磋；同時，有許多讀者來信，要求我詳細拆解木人樁的打法及散式。由此我決定將詠春拳系列以拆打形式，即學習與應用的形式系列整理出版，以饗廣大武術愛好者。

　　詠春拳木人樁應用法，自古以來都是師傳徒、徒傳徒，口傳身受一代代延襲，套路既定，而用法不一，只因眾多師傅，有著眾多的理解及教法。我在本書中所介紹的，也只是我師承佛山高師——彭南師傅的教導及自己一點體會。師傅師承招就和黎葉篪，他們也只能憑一代代師傅的記憶及不完全的口述，加之自己的心得而相傳。因此，本書的編寫有很多困難。在這個過程中，筆者在請教多位老前輩的同時，也融入了自己多年的實踐體會。

　　因為，木人樁法的練習是固定的手法，而拆門解

義即技術分析，各有其手法及打法，總以自己的心法爲要。

　　由於木人椿法沒有文字記載，存世的三套木椿法難究哪套才是最原始，在該書中只介紹其中一種。書中難免會有不足之處，誠懇地希望武林前輩同仁和廣大讀者不吝賜教，給予指點，使詠春拳這一中國武術精粹，能得到更全面的發揚光大。

目　錄

木 人 樁 源 流

　　木人樁法是詠春拳的高級套路。詠春拳非常注重實
戰，在實戰中（搏擊中），由於難以摸清對手瞬間不變的
攻防手法，所以，詠春門前輩由不斷的黏手與實戰對練，
在實踐和經驗中，將實戰博擊的多種手法以及步法、腳法
等，經分解、拆散和組合提煉後，重新有機地組合及設計
成在打鬥中可能發生的手勢，編入了木人樁法的訓練中，
使詠春拳的樁手和黏手等對抗性手法，在木人樁練習中基
本上得以實現，並在實踐中應用。

　　木人樁法是研究手法、招式和相互對拆的必修課。木
人樁的練法有兩種：對一般學員及弟子，是目前外界留傳
的外練木人樁法；而對入室弟子，又有一種反常規的訓練
方式，即內練內修木人樁法。筆者在本書中，只介紹第一
種大眾公開所練的木人樁。

　　詠春拳木人樁的流傳基本沒有文字記載，是以代代言
傳身教的方式流傳下來的。關於它的源流，我曾走訪過珠
江三角洲詠春門中健在的多位前輩及大師，又透過信件與
全國各地及新加坡、馬來西亞等詠春傳人聯繫，據他們所
述，他們所知的木人樁源流與佛山源流大同小異。

　　師傅口授及民間傳說，言及紅船（廣東戲船）──紅
色的船身，做成龍頭鳳尾，並裝飾得很漂亮，同時在船頭

甲板上種上方手木人樁，使藝人在長年累月到四鄉演出的過程中，練功也不至於中斷。因演戲界及武術界都要求，「拳不離手，曲不離口」。此也是粵前輩藝人們常練身形腰馬的必修課。而粵劇武功，除了詠春拳及木人樁外，便是練粵劇基本功。

相傳粵劇武功的基本功也屬少林體系，相傳善禪師祖傳至張五祖師，在紅船上張五祖師又傳給了當年的十三位藝人。這十三位藝人個個武功了得，練得一身真本領，後來人們傳稱他們為十三金釵。

十三金釵便是我們詠春拳中的黃華寶、梁二娣、大花面錦及正生金等等。以上說法習詠春拳眾後人都給予承認，即木人樁是詠春前輩創出的，傳至「攤手五」，攤手五把詠春及木人樁在紅船上發揚光大，為詠春拳移至佛山岸上作出了貢獻。

而詠春拳傳於佛山，即梁贊先生開始學習詠春拳時，大約在清朝的同治年間。贊先生在紅船戲班駐地大基尾尋到了黃華寶、梁二娣，並得到二位大師專心傳授，武藝進步很快，後來在不斷實踐、傳授和比武中，贏得了佛山贊先生的美譽。

梁贊在佛山鎮萬元里（今快子路）自家開設的仁生堂中藥店裡，白天懸壺濟世，晚間授徒傳藝。那個時期比較出名及能傳至今的徒弟有陳華順、盧貴、梁奇、梁壁（梁贊的兒子）及家鄉等一大批高人。

經前輩們的不斷努力及傳播，詠春拳在佛山棨下了根，成了佛山詠春一脈。師傅常告誡我們，學習詠春拳是一個長期的過程，特別是木人樁，如果沒有多年的苦練，是絕

不可能學成的；若依樣畫葫蘆地學一二遍，也是涉其皮毛，不可能理解其中真諦。

今天在佛山詠春拳前輩中會全套木人樁法者已不多（這裡講的是內練手法及心法），理解其中心法的更是鳳毛麟角。彭南大師傅的木人樁是從招就大師那裡學的，後又跟黎葉箎大師深造木人樁，到晚年才練出了奇道，才知木人樁有兩種訓練方式。目前，另一種方式已不見有人練。

練習木人樁之宗旨

　　學習木樁法的目的，主要是使習練者掌握好詠春七部位（手、足、頭、肩、肘、膝、臂），把七個部位練好後合為一拳，並運用木樁各手法使擒拿摔擖、打抓踢撞，使橋手受到衝擊力和反衝擊力的鍛鍊，在不斷的打樁中去熟練攻防、進退、閃側、俯仰等八法，在瞬間萬變的情況下，不斷提高進攻防守的威力。

　　在木人樁操練過程中，在進退攻防力量和速度上，講究快慢相間，剛柔相濟，用意不用力；從不同角度及方向移動時，保持肘部與身體的位置，正確運用肘部的攻防能力，不斷提高手臂適應及快捷的反應能力；從硬練到軟練橋手的過程中，把學習過的詠春拳各個手法，以散式、單式反覆練習，溫故知新，練成硬而不僵、鬆而不懈，形曲意直、意圓力方，四方是力、力達四方，悟剛即剛，悟柔即柔，全身上下多處都有虛實、有輕重、有吸力和反彈力，手腳配合，一旦觸敵發力，即可用意念和六合勁控制出手，瞬間擊出爆發力。

　　練習木人樁法就是練習技擊，視木人樁為假想的打擊對象，透過苦練，摸索出攻擊對方的最佳方案，或上下齊攻，或雙手齊攻，或單手進攻，或拼上打下，或佯用拳而實用腿，或手腳並用，或進步而攻，或擺步而守，或步步

緊進等等，使攻防結合，閃側與俯仰兼施，令對手處處措手不及，只有招架之功，無還手之力。並且要求習練者在進攻中應用直送、橫送等，在防守時把對手攻勢化去，使對手打來的拳力點偏移。

簡而言之，一旦與敵人交手，不但要有以上所講到的意念、手法、身形、步法變化的運用，同時審時度勢，做到頭正、沉腰、手快、神在、氣和。

在練習木人樁法的每個動作時，必須認真，如同實戰，每個動作都要做到有的放矢，每一式練習，都要啟動「六合」，使全身上下協調一致，形成不動則已，一動則全身無處不動的整體之勁。如拳法所講：「以靜制動，來留去送，柔化剛發，甩手直沖，上失下取，下來上攻，上動下隨，下動上領，上下動中間攻，中間攻上下合。」

雙人對打練習中，強調力隨意發，把攻擊與防守各個動作巧妙地結合在一起，學與用一起鍛鍊。練樁是練拳與練功的很好方法，當你進入木人樁學習時，可以講已進入了勢無定型、落地生根的高級境界階段，如拳訣曰：「靜如山嶽，守如處子，動如猛虎，快如旋風。」運用在動靜之間，變化莫測，似進實退，似攻實守，使對手難以施展其技。

詠春拳的練習，一般都要經過站樁、壓腰、走馬扯拳、練寸勁、推手以及雙人推手去領會和理解手法、腳法、步法、身法、顧法、克法、截法、追法以及三套基本拳套——小念頭、四門、尋橋標指的階段，便可進入高層拳法的訓練，再而進入高級手法——轆手的訓練，後又轉入定式和不定式的黏手訓練。而學習不定式黏手，也只有

經由定式的黏手和十節木人樁法及木人樁實用法的反覆訓練，才能過渡到更高級的無法無式的黏手訓練。

如果說幾套拳練的是精氣神，那麼木人樁實用法即練的是法步身（也是人們常講的內練精氣神，外練身法步）。只有經由不斷地熟習，將木人樁實用法注入自己的心法裡，才可能逐步培養出隨機應變的習慣和自然反應的本能，形成本能反應的打法，即進入了勁隨知覺轉。進入了此境界，已沒有什麼固定的套路及打法，而是在掌握時機和空隙的同時，隨機應變地走位、出拳、打掌，接近對手，尋找對方的橋手，這便是人們常講的：你打你的，我打我的。

以上種種情況，都要求我們在練習木人樁實用法中，應舉一反三地熟練掌握各種技法，使人樁合而為一，這即是詠春訣所講的「一化三，三化六，六化九，九化連環扣」，用心悟出其真諦，在不斷的實戰中把木人樁的打法化為自己平時本能的反應，達到前輩所講的「心中無法，手上有法」之境界。

木人樁法技擊要求

木人樁的訓練，要循序漸進，不可貪快，操之過急，否則，會撞拉扭傷肌體。要求動作用意（去）不用力，既練強身，更練攻防結合。

打木樁必須掌握上下兼顧、左右連貫、幹練俐索、協調有力、動作準確、層次分明，熟練掌握八法六合及八要點。

1. 樹立敢想敢拼的精神

在木人樁訓練過程中，一定要認真嚴肅，把木人樁設想為真正的敵人，思想上不能有任何的輕視，時刻要有以練武之人的氣勢和精神壓倒一切敵人的意念，即抬手要打它，起腳要踢它，上步要迫它，走法要過它，肩、肘、膀和膝要撞它，以尚武之精神調動自己的一切內勁，激發最大的潛能，達到必勝的目的。

2. 練成威嚴的目光

目光的威嚴是指不論在木人樁實用法習練過程中，還是實戰過程中，練武者應鍛鍊一種威嚴的目光，逼視假設為敵的木人樁，或設想我前方有一敵人。經過日久訓練，如真正遇到敵人時，這種威嚴和犀利的目光會使敵人膽戰

心驚，不戰而懼。練習木人樁及實用手法時一定要「虎眼圓睜」，並稍帶斜視，經過長期的睜目訓練，可「透視」對手心裡，具備明察秋毫的能力。

3. 掌握好中線攻防

所謂中線即子午線，它屬詠春拳的攻防核心，也是我們人體的中心所在。在實戰搏擊中，應嚴密地保護住這一中心，如拳法所講：「左右打肋奔中心。」要運用輕靈的步法、身法的閃側俯仰移位，使自己既不失守這一中心，也不使身體失去平衡。只有守住自己的中心，才有可能攻擊對手的中心，破壞對方的身體平衡。

具體做法是「裡簾必爭，外簾不讓」。當對方出手向我中線進攻時，我也同時從中線還擊，力保不失中線，採取後發制人，也稱後發先制。若對手功力深厚，我也只有由掄壓對方橋手乘機占中心，隨即採用轉腰胯動橋不動的方法，用靈巧的步法、身形和後移位來救腰，絕不將中線失給對手。

4. 攻防的招式要求穩準狠快

詠春拳手法要求是「出手快，攻擊更快」。拳經所謂「伸手出招快打慢」，就是這個道理。除出手快外，打擊的目標一定要穩準狠，「踢打不準，猶如跳井」。打出的力量一定要有滲透感。

所謂力量的滲透，即拳掌擊在木人樁的正面，但意念力量已滲透到木人樁後面，甚至更遠的地方。只有將意念運用到練武中去，經過長時間的訓練，才能掌握好滲透

力、手臂的「聽勁」以及洞察對手心理的能力。

5. 推託拉按，纏撞掛漏

練習木人樁時，應嚴格遵守「守如處子，動如猛虎」的宗旨，不管對手如何發招打我，我都採取你打你的，我打我的，守中線打直拳，並以標指等一快制百慢。在守中和搶中的過程中，贏得制勝的時間。當我面對對方進步或向對方中線進擊時，不需考慮對方的勢，以我橋手多變快出與對方搏擊。

這一切都要求在快中求準、快中求穩、快中求活、快中求巧。透過推託拉按，黏住對方橋手後，或纏住對手，或撞擊對手等。不論以哪種手法或腳法打擊對手，其子午法則是不變的，只有守住這一法則，才能造成在手黏手中迫對手無法走。

6. 敢於運用連消帶打的近戰

應運用「耕欄、攤膀、黏摸、蕩捋」等手法去接對方進攻的各種招式。接近對方的目的有二：

其一，向對方展示自己敢打敢拼的精神；

其二，有利於短橋相接，用自己的輕橋快馬去接觸對方，黏住對方，利用近身黏橋及黏身黏手黏腳等手法，使對手無法施展拳腳，從而達到以我優勢，破敵弱勢。

7. 要善於運用借力化解對手

要善於黏身迫近對方，再以耕欄、攤膀、黏摸、蕩捋的手法接對方打來的拳腳；同時，攻即是化，化即是打，

用迅雷不及掩耳的速度去化解對方的來勢，用四兩撥千斤的借力手法去化解對方，再轉用迫力、按力、彈力、抖勁去給對方以重創及打擊。

8. 要敏捷地閃側、俯仰和走位

根據「長橋能運氣，短橋能自保」的特點，在練習木人樁及實用法中，我方突然進拳搶佔敵人想占的位置，或走側位，迫亂對方的馬步及敵人想前移的馬勢，這就是走位。拳訣曰：「練好手，不如練好走。」走位的目的就是要避開對方強勢，造成對方因移位而失去身體平衡，如拳經中所講：「敵移動，重心空。」在對方失去平衡的一刻，我即可配合詠春拳手法 —— 歸中標手、發抖勁等等，或打，或推，或拿失，或彈，擊倒對方。這就是走位的目的所在。

以上幾點，望習者在學習中反覆加以訓練、熟習，再融入你的心法和意念，使之逐步形成你本能反應。

詠春拳木人樁的結構

粗大圓木一條，頭部距上樁手32.6公分，上樁手距中樁手23.3公分，下樁手距樁腳42.5公分，樁腳至入地下部分49.4公分。入地部分為正方形，周長50公分。

豎樁時先在地上挖一個坑，將樁垂直放入後倒入混凝土，將樁固定豎好，待數日水泥乾後即可使用。

樁身上裝有三隻短樁手，代表木人從上下左右的來拳。樁手的長度29公分，嵌入木樁部分的長度是28.5公分，前手直徑3.6公分。在與習武者膝同高的地方設一木腿，呈一定的彎度支撐著地面（見結構圖）。

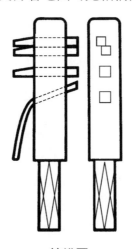

結構圖

木人樁法套路動作及應用

1. 開鉗陽馬

開鉗陽馬站於樁前運氣（深呼吸），將肩、肘及雙掌外攤，然後提至將台，再運氣徐徐將雙掌插下（左外右內），並促勁內扣（圖1）。

拆門解義

身正立，胸腰正，兩手垂直，頭如頂千斤大石；氣沉丹田，再達四肢，目光正視，唇閉氣提，舌頂上腭，開馬、攤掌、起掌、插掌、掛拳為起勢。

圖1

2. 將台豹拳

以雙掛拳拋向木樁，然後兩手收回至將台（圖2）。

拆門解義

以鉗陽坐馬，雙膝微開，雙手握拳於胸際，雙目平視，如藏龍臥虎在胸間。

圖2

3. 雙龍探爪

站二字鉗陽馬，緊接左上右下地疊雙掌由將台插向木椿的咽喉部位，兩小臂黏椿手的內側，然後沉肘、膀肩（圖3）。

圖3

拆門解義

此乃二橋上勢迫肘法。如對方用拳向我中路攻擊，我即用標指直插對方的上中路。這是詠春拳中的穿橋妙法。

圖4

（1）甲乙雙方準備格鬥（圖4）。

（2）甲方用右直拳打擊乙方中上路，或以雙抄拳或雙插拳從上打擊乙方；乙方上步，以雙交叉手直卡甲方右中拳，也可打腳（圖5）。

圖5

圖6

（3）乙方右下手轉攤手，攤住甲方左沖拳；同時，左手以陰手直插甲方上路。望舉一反三運用（圖6）。

4. 伏虎藏龍

依上勢，用五指爪按住木樁兩手，然後雙肘拖回至兩肘留中位置（圖7）。

圖7

拆門解義
（1）雙方準備格鬥（圖8）。

圖8

（2）甲方用右直拳向乙方中路進攻；乙方即以左手前標，當接到甲方橋手時，即轉下抓按手或攤手，同時打出右直沖拳，擊甲方臉部（圖9）。

可分單手或雙手訓練，自己掌握。

圖 9

5. 雙龍戲珠

依上勢，雙手成刀掌並促勁內按，兩手背要向外側（圖10）。

圖 10

拆門解義

（1）雙方準備格鬥（圖11）。

圖 11

圖 12

（2）甲方以右直拳打擊乙方中路；乙方即用右單龍戲珠，接甲方右沖拳外簾橋面，即轉伏按手後又轉沖拳，打擊甲方上路，或沖爪抓甲脖子（圖12）。

有多種運用法，可搶內簾，也可搶外簾，望習者靈活運用。

6. 托樑換柱

依上勢，當雙掌向外轉攤成陽掌時，兩手促勁往上推託。注意兩手要留中（圖13）。

圖 13

圖 14

拆門解義

（1）雙方準備格鬥（圖14）。

（2）甲方以直沖拳向乙方中路攻擊；乙方即以左手上托甲方打來的右拳肘底，同時右護手以右直拳打擊甲方中路（圖15）。

圖15

7. 獅子回頭

依上勢，左腳向側邁出一步，身隨腰轉，面向左方，目光向右。右手以肩、肘、腕扣勁，沉腰開膝，並以上臂促勁，小臂向右椿手內簾膀出，左手成拜掌留於右肋前方一拳位（圖16）。

圖16

拆門解義
（1）雙方準備格鬥（圖17）。

圖17

圖18

（2）當甲方用右直拳打乙方中路；乙方可移步側身馬，以右膀手膀住甲方打來右拳後，即可化下式天王托塔（圖18）。

圖19

8. 天王托塔

右膀手在內簾以沉肘掌由下向上攤（由內而外成右攤掌），左拜掌以行化上掌擊向木椿頭右腮部（圖19）。

圖20

拆門解義

（1）接上勢，當乙方以右膀手膀住甲方來拳時，即移馬橫上，腳緊隨身轉，化膀手為攤手，攤住甲方右拳（圖20）。

（2）當乙方攤手攤住甲方打來右拳時，同時左手化上掌，打甲方腮部（圖21）。

圖21

9. 迫步耕攔

右腳扣勁迫入木樁腳（開膝以小腿迫住樁腳）。同時，左手化為耕手，耕住木樁右手外簾；右攤手化為攔手，並以肘帶手往下攔住木樁下手。目光注視木樁中線（圖22）。

圖22

拆門解義

（1）甲乙雙方準備格鬥（圖23）。

圖23

圖 24

圖 25

圖 26

（2）甲方以右直拳和右腳打擊乙方上下路；乙方即以迫步迎上，以左耕手耕住甲方打來的右直拳，右手化攔手攔住甲方打來的右腳，即可反擊甲方（圖24）。

（3）這時，甲方在右手被乙方左手耕住，右腳又被攔的情況下，只有以左手向乙腹部打擊；乙方的右攔手及時調整，攔住甲方左直拳後即化擺步攤膀，或直接化打手打擊甲方（圖25）。

10. 擺步攤膀

依上勢，右腳扣勁抽出後邁向右方，以腰帶動向右前成雙弓鉗陽馬。右手以沉肘掌往上攤住木樁（肘與肋留一拳之位），左耕手以掌心、虎口促勁，以外簾膀手向下樁手膀出。頭向左，目光注視木樁中線（圖26）。

拆門解義

（1）雙方準備格鬥（圖27）。

圖27

（2）甲方上步，以右拳打向乙方中下路；乙方即用左膀手膀住甲方打來的右沖拳（圖28）。

圖28

（3）這時，甲方又以左沖拳打擊乙方中上路；乙方即用攤手攤住甲方左沖拳。當然此時也有多種化打。（圖29）。

圖29

圖 30

11. 天王托塔

依上勢，身腰馬右移，左手外轉成攤手，攤在左手（木樁）外簾處，而右掌化托掌隨擊木樁頭部左腮位，目視木樁（圖30）。

拆門解義

接上勢，乙方控制甲方打來的雙拳後，即橫移步右向甲方左邊移馬，上一大步，左手從下膀手轉沉肘圈上，隨身轉，直接攤掄在甲方左橋手上，而右攤手化高托掌手，重打甲方左腮部（圖31）。

圖 31

12. 迫步耕攔

依上勢，左腳以針步迫入樁腳，開膝緊貼樁腳成雙弓鉗陽馬。右掌以耕手耕住木樁左手，左攤手化為攔手往木樁下手攔去（圖32）。

圖 32

拆門解義

（1）雙方準備格鬥（圖
33）。

圖 33

（2）甲方上步，以左
沖拳打擊乙方上部；乙方即
以右手耕住甲方打來的左拳
（圖34）。

圖 34

（3）甲方又以右下鉤
拳打擊乙方肋部；乙方及時
用左攔手攔截甲方打來的下
鉤拳，而這時身體仍在甲方
的左側門（圖35）。

圖 35

圖 36

13. 猴王取桃

依上勢，左腳扣勁從木樁腳抽出後成針前步，開膝，身隨腰轉，面對木樁成二字鉗陽馬。右耕手化弓背留中掌，左攔手化橫掌向木樁的腹部打出（圖36）。

圖 37

拆門解義

此時乙方橫上左步，轉體正面對甲方，右耕手化伏手（或弓背拳）；而左攔手化橫掌，擊在甲方胸上或肋部（圖37）。

圖 38

14. 托樑換柱

依上勢，兩掌外攤轉成陽掌時雙手促勁往上推託，兩手留中（圖38）。

拆門解義

（1）雙方準備格鬥（圖
39）。

圖 39

（2）乙方雙拳擊甲；
甲方上步以托欄換柱托乙方
雙手（圖40）。

圖 40

15. 獅子回頭

依上勢，右腳隨腰轉向
右方。左手以肩肘轉動膀向
木樁左手內簾，右手成拜掌
護在左肋前方。頭向左，目
視木樁中線（圖41）。

圖 41

圖 42

拆門解義

（1）雙方準備格鬥（圖42）。

圖 43

（2）乙方上步，以左沖拳打擊甲方上中路；甲方即速移步，以側身馬及左膀手膀住乙方打來的左拳後，即可轉下式天王托塔（圖43）。

16. 天王托塔

依上勢，左膀手沉肘留中轉成外簾攤手，並以肩肘促勁，用右單拜掌推向木樁頭腮部。右腳向右前移半步，身腰馬轉左（圖44）。

圖 44

拆門解義

（1）乙方以左沖拳打
擊甲方；甲方即以左膀手膀
住乙方打來的左沖拳，即移
右馬右橫上步或移左馬左橫
上步，左或右腳緊隨半步。
緊接，轉身左膀手化為攤
手，攤住乙方打來的左直拳
（圖45）。

圖 45

（2）依上勢，當攤手
攤住乙方打來的左拳時，甲
右手化上掌打在乙方腮部，
後轉下式迫步耕攔（圖46）。

圖 46

圖 47

17. 迫步耕攔

依上勢，左上掌以肘下轉攔住木樁下手，右手向木樁左手耕去（耕在木樁左手外簾）。左腳以針步迫住木樁腳，小腿緊貼樁腳（圖47）。

圖 48

拆門解義

（1）雙方準備格鬥（圖48）。

圖 49

（2）乙方以左沖拳及右蹬腳打擊甲方下二路；甲方即迫步迎上，以右耕手耕住乙方打來的左沖拳，而左手化攔手攔住乙方蹬來的左腳（圖49）。

（3）這時，乙方又以右沖拳打擊甲方中路；甲方左攔手棄腳，又以攔手及時攔住乙方右沖拳後，可化擺步攤膀勢（圖50）。

圖 50

18. 擺步攤膀

依上勢，左腳扣勁抽出木樁腳後以針步上一步，身腰馬向前。同時，左手以肩肘促勁往上攤住木樁右手內簾，右手膀向木樁的下手（圖51）。

圖 51

拆門解義

（1）甲乙雙方準備格鬥（圖52）。

圖 52

圖 53

（2）乙方上左步，以左沖拳問甲方中下路攻擊；甲方即用右膀手膀住乙方打來的左沖拳（圖53）。

圖 54

（3）這時，乙方又以右沖拳打擊甲方上中路；甲方即用左攤手攤住乙方右沖拳，後可轉下式天王托塔（圖54）。

19. 天王托塔

依上勢，左攤手收回後直推，猛擊木樁頭右腮部，右膀手隨身轉攤手攤向木樁右手外簾（圖55）。

圖 55

拆門解義

依上勢,甲方已順利控制住乙方打來的雙拳後,即體左橫移,左腳向乙方右邊移馬上一大步,而右手從膀手轉沉肘成攤手掄在乙方右橋手上,而左攤手化托手直打乙方右腮上(圖56)。

圖 56

20. 迫步耕攔

依上勢,右腳迫住木樁腳。左掌以肘轉動耕向右樁手外簾,右攤手以肘帶動變為右攔手,攔住下樁手(圖57)。

圖 57

拆門解義

(1)雙方準備格鬥(圖58)。

圖 58

圖 59

（2）乙方上步，以右沖拳打擊甲方上部；甲方即以左耕手耕住乙方打來的右沖拳（圖59）。

圖 60

（3）這時，乙方又左下勾拳打擊甲方肋部；甲方及時用攔橋手攔住乙方來拳，此時甲方身體仍在乙方側門（圖60）。

圖 61

21. 猴王取桃

依上勢，右腳以針步抽出木樁腳，身隨腰馬轉正。左耕手沉肘化為弓背留中掌，右攔手化橫掌猛擊木樁的肋部（圖61）。

拆門解義

當甲方雙手耕攔住乙方雙手時，即坐正身體，將右橫拳打在乙方肋部（圖62）。

圖 62

22. 托樑換柱

依上勢，雙掌外攤至陽掌時，兩手促勁往上推託。注意兩手留中（圖63）。

圖 63

拆門解義

甲以直拳打乙；乙方以托手托住甲方來拳（圖64）。

圖 64

圖 65

23. 美人照鏡

依上勢，左手變攤手攤住木椿右手，右手化單拜掌守在左胸前（圖65）。

圖 66

拆門解義

（1）雙方準備格鬥（圖66）。

圖 67

（2）如甲方上步以左沖拳攻擊乙方；乙方即大步迎擊，出左攤手或托手，攤住或托住甲方沖拳（圖67）。

24. 伏虎連珠

依上勢，左攤手變伏手
伏向木樁左手，右拜掌不動
（圖68）。

圖 68

拆門解義

依上勢，甲方又沖左拳
打擊乙方上路；乙方即將左
攤手化伏手，伏住甲打來的
左沖拳（圖69）。

圖 69

25. 美人照鏡

依上勢，左伏手變攤手
攤住木樁右手，右拜掌不動
（圖70）。

圖 70

圖 71

拆門解義

這時，甲方又以右沖拳攻擊乙方；乙方又將左伏手化成右攤手，或托甲方右沖拳的再進攻（圖71）。

圖 72

26. 推山塡海

依上勢，左攤手化掌直擊木椿的面部（圖72）。

圖 73

拆門解義

當乙方攔截完成後，即可化攤掌掄攻，將左掌化成豎掌或標指直打甲方臉部（圖73）。

27. 獅子回頭

依上勢，左腳以針步向左方一步，身、腰、馬緊隨。右單膀手以肘、肩力膀向木樁右手內簾，左單拜掌立於右肋前。頭部向右，目光注視木樁中線（圖74）。

圖 74

拆門解義

（1）雙方準備格鬥（圖75）。

圖 75

（2）甲方上步，沖右直拳打擊乙方中下路；乙方即迎上，用右膀手膀住甲方打來的直拳內簾（圖76）。

圖 76

圖 77

28. 鑿壁尋珠

依上勢，右膀手沉肘並以掌往外攤，攤在木樁右手上；左拜掌化拳擊向木樁右肋。同時，左腳以針步向右側微轉成雙弓鉗陽馬（圖77）。

拆門解義

依上勢，當乙方膀住甲方右沖拳時，左腳向左方橫跨一步，右腳緊跟半步，化右膀手為攤手，攤住甲方直拳外簾上，同時左拳直打甲方肋部，或扣甲方脖子，自由發揮（圖78）。

圖 78

29. 獅子回頭

依上勢，左手成飄膀（肘要齊眉高），右拜掌立左胸前。以身腰帶腳彈出菱形三角步，上身呈小仰勢。目光注視木樁中線（圖79）。

圖 79

拆門解義

（1）雙方準備格鬥（圖
80）。

圖 80

（2）甲方上步沖右拳
打乙方上路；乙方迎上，以
左膀手側身接近甲方，膀住
甲方右沖拳的外簾（圖
81）。

圖 81

30. 搖龍歸洞

依上勢，左肘下沉旋
轉，帶拳由左上打出掛拳。
同時，右腳針步落地成側二
字鉗陽馬（圖82）。

圖 82

圖 83

拆門解義

接上勢，乙方右護手即
鎖住甲方沖拳，手腕下抓
按，左膀手沉肘轉高，掛拳
打甲臉部（圖83）。

圖 84

31. 烏龍吐珠

依上勢，左拳收回，身
隨腰轉動，並以肩、肘勁沖
出右直拳（圖84）。

圖 85

拆門解義

接上式，當乙方掛拳打
在甲方臉部時，左手即變下
伏手，抓住甲方右手；而右
手化沖拳，打在甲方臉上
（圖85）。

32. 懸崖勒馬

依上勢，右拳化掌抓住木樁右手，又打出左拳在木樁中上部後，即化左拳為左掌，左掌以肘轉動小臂耕向左手木樁，成側身鉗陽馬（圖86）。

圖 86

拆門解義

（1）接上勢，乙方右手轉拉甲方右手，打出左沖拳（圖87）。

圖 87

（2）如甲方上步，以沖拳打擊乙方；乙方即向甲方側閃進一步，用右手攤住甲方右沖拳，即轉拉手，而左手砍向甲方右（拳）手關節處（圖88），或直接以右手抓甲右手，左手直接砍甲關節處。

圖 88

圖 89

33. 雙龍出海

依上勢，身腰馬轉動使
面朝木椿，成拍腳鉗陽馬。
然後雙手變掌直擊木椿（圖
89）。

圖 90

拆門解義

接上勢，當乙用左拳砍
向甲沖拳關節處時，突然以
雙攤手推向甲方的肩部，將
甲方推出摔倒，失去戰鬥力
（圖90）。

圖 91

34. 童子拜佛

依上勢不動，雙掌收回
胸前合十，注意留中位（圖
91）。

35. 力踢華山

依上勢，左腳緊扣，並以腳掌力踢向木樁肋部以下（圖92）。

圖 92

拆門解義

（1）雙方準備格鬥（圖93）。

圖 93

（2）甲方上步沖右拳打擊乙方，乙方即以拜佛手按住來拳，同時左彈腿踢甲方要害處，或者膝部（圖94）。

圖 94

圖95

36. 探囊取寶

依上勢，左腳收回落地後，右腳尖仰起踢向木樁下部。同時，右手攤向右木樁手外簾，左手以低掌擊向木樁右側（圖95）。

圖96

拆門解義

（1）雙方準備格鬥（圖96）。

圖97

（2）甲方上步，以右沖拳打擊乙方中上路；乙方閃身走向甲方右側，以右攤手攤住甲方右沖拳橋手外簾上，乙方左橫掌打擊甲方肋部（圖97）。

37. 耕攔腳法

依上勢，右腳後退一步，左腳配合手以腳尖貼樁身刮上。左手變耕手耕住木樁右手外簾，右手以攔手攔住木樁下手（圖98）。

圖 98

拆門解義

（1）雙方準備格鬥（圖99）。

圖 99

（2）甲方以右沖拳打擊乙方中上路；乙方即以左耕手耕住甲沖拳。甲方又以左低拳打擊乙方；乙方又以右下攔手攔住甲方的左拳（圖100）。

圖 100

圖 101

（3）乙方攔住甲方雙手時，左腳打擊甲方左或右腳膝關節處（圖101），靈活應用。

38. 探囊取寶

依上勢，左腳收回一步，右腳以腳尖踢向木椿底部。同時，右攔手轉攤手攤住右木椿手外簾，左耕手變低掌猛擊木椿右側（圖102）。

圖 102

拆門解義

（1）雙方準備格鬥（圖103）。

圖 103

（2）甲方上步，以右沖拳打擊乙方中上路；乙方即側身走向甲方右側，攤手攤住甲方右沖拳的右橋手外簾上，即用左橫掌或底掌打擊甲方肋部（圖104）。

圖 104

39. 迫步耕攔

依上勢，移右腳迫住木椿腳。右攤手化下攔手攔住木椿下手，左掌上耕住木椿右手外簾（圖105）。

圖 105

拆門解義

甲方以拳打擊乙方；乙方即以左耕手耕截甲方。甲方又以左低拳打擊乙方；乙方即用右攔手截甲方左手，也可化其他手法回擊（圖106）。

圖 106

圖 107

40. 擺步攤膀

依上勢，右腳扣勁移出木椿腳成雙弓鉗陽馬。右攔手往上攤向左木椿手內簾，左下膀手膀住木椿下手（圖107）。

圖 108

拆門解義

（1）雙方準備格鬥（圖108）。

圖 109

（2）甲方上步，以右抽拳打乙方左肋；乙方左手及時以左膀手膀住甲方右抽拳。甲方抽拳被攔，即以左直沖拳打擊乙方上路；乙方又以右攤手攤住甲方打來的左沖拳，轉下勢（圖109）。

41. 紫微伏獸

依上勢，身腰隨馬轉正
成二字鉗陽馬，面朝木樁。
右攤手往木樁下手按去，左
膀手變拳在木樁兩手間打出
日字沖拳，猛擊木樁的面部
（圖110）。

圖 110

拆門解義

接上勢，當乙方攤膀手
接住甲方來勢時，甲方左手
下漏上抽打乙方肋部（圖
111）。乙方右手及時下
按，打出左沖拳，或在甲方
未動之前及時打出左拳。

圖 111

42. 鳳爪虎拳

依上勢，左拳化爪抓住
右木樁手，右按掌化拳在木
樁兩手間打出日字拳，猛擊
木樁的面部（圖112）。

圖 112

圖 113

拆門解義

當乙方右下按手，按住甲方左抽拳時，左直拳打在甲方臉部，左手即改拉手，按住甲方右手腕部，同時右下按掌化直拳打在甲方臉部（圖113），或左沖拳即變攤手直接打右拳。

圖 114

43. 托樑換柱

依上勢，當雙掌外攤轉成陽掌時，雙手促勁往上推託，注意兩手留中（圖114）。

圖 115

拆門解義

（1）雙方準備格鬥（圖115）。

詠春拳木人樁應用法

62

（2）接上勢，乙方以雙掛拳勢從上至下打向甲方；甲方上步迎敵，托住乙方雙掛拳肘底，便開始做打敵的下面一切動作（圖116）。

圖116

44. 美人照鏡

依上勢，鉗陽馬不變，左手化為單拜掌；同時，右手化為攤手攤在木樁手上，注意要留中（圖117）。

圖117

拆門解義

（1）雙方準備格鬥（圖118）。

圖118

圖 119

（2）乙方上步，以左
沖拳向甲方進攻；甲方向上
出右攤手，攤住乙方左沖
拳，甲方左手成護手（圖
119）。

圖 120

45. 伏虎連珠

依上勢，右攤手變伏手
伏向木樁的右手，左單拜掌
不變（圖120）。

圖 121

拆門解義

這時，乙方沖右拳打擊
甲方上路；甲方即將右攤手
化成右伏手，伏住乙方右沖
拳（圖121）。

46. 美人照鏡

依上勢,右伏手變攤手攤在木樁左手上,左拜掌不動(圖122)。

圖 122

拆門解義

這時,乙方又沖左拳打擊甲方;甲方又將右手速化成右攤手,攤攔截乙方左手的再進攻(圖123)。

圖 123

47. 推山塡海

依上勢,右攤手以肩、肘促勁推出上掌,猛擊木樁的面部,左拜掌不動(圖124)。

圖 124

圖 125

拆門解義

接上勢，甲方攔截乙方左沖拳後，即將右攤手化右豎掌或標指手，直打乙方臉部（圖125）。

48. 獅子回頭

依上勢，左單拜掌以肩、肘轉動向木樁左手內簾膀去，右上掌收回成拜掌護於左肋前。然後右腳向右方邁一步。頭向左，目光盯住木樁（圖126）。

圖 126

拆門解義

（1）雙方準備格鬥（圖127）。

圖 127

（2）乙方上步沖打左拳，向甲方中上路進攻；甲方迎上用左膀手膀住乙方打來的左拳內簾，可轉下勢鑿壁尋珠（圖128）。

圖128

49. 鑿壁尋珠

依上勢，右腳以鉤針步沿木樁左側移動步（身腰馬隨左轉）。左膀手沉肘變掌，向木樁手左邊外簾攤出，然後右拜掌化日字拳，向木樁左肋擊去（圖129）。

圖129

拆門解義

接上勢，甲方左膀手膀住乙方直沖拳時，右腳即向右方跨一橫步，後腳跟上一步，掄身擊乙方側門，左膀手化成攤手，攤住甲方左手外側，同時右拳直打乙方肋部（圖130）。

圖130

圖 131

50. 獅子回頭

依上勢，身腰馬左轉，以腰帶動左腿彈出，左腳尖翹起內扣（身呈小仰勢）。右拳化飄膀手向木樁左手外簾膀出，左攤手變拜掌護於右肋前（圖131）。

圖 132

拆門解義

（1）雙方準備格鬥（圖132）。

圖 133

（2）依上勢，乙方上步沖左直拳打甲方中上路；甲方即上步以右膀手側身接近乙方，膀住乙方左沖拳的外簾即轉下式（圖133）。

51. 搖龍歸洞

依上勢，身腰微動，左腳跟著成二字鉗陽馬。右飄膀手沉肘起拳掛向木樁頭部，左拜掌變按掌按在木樁左手（圖134）。

圖 134

拆門解義

接上勢，這時甲方的左護手即鎖住乙方直沖拳的手腕轉下按，右膀手沉肘高掛打出掛拳在乙方臉部（圖135）。

圖 135

52. 烏龍吐珠

依上勢，身腰馬稍右轉。右掛拳化按掌按在木樁左手上，左拜掌變日字拳打在木樁的腮部（圖136），緊跟著左手又下按，打出右沖拳在木樁頭部。

圖 136

圖 137

拆門解義

（1）接上勢，當甲方掛拳打在乙方臉部時，右手又轉下伏手，抓住乙方左手，沖打一個左日字拳在乙方臉上（圖137）。

圖 138

（2）接上勢，當甲方左口字拳打在乙方臉上時，左手又及時下按，打出右拳在乙臉上，即轉下式懸崖勒馬（圖138）。

53. 懸崖勒馬

依上勢，身腰馬左轉，收右腳成拍腳鉗陽馬。左掌順勢抓住木樁的左手，右護掌耕向木樁左手（圖139）。

圖 139

拆門解義

（1）雙方準備格鬥（圖140）。

圖140

（2）當乙方上步，以左沖拳向甲方攻擊時；甲方即向乙方左側閃進一步，用左手攤住乙方左拳，得手後，即化攤手為鎖手，鎖住乙方左手腕，同時，右手砍向乙方左手關節處，即轉下式（圖141）。

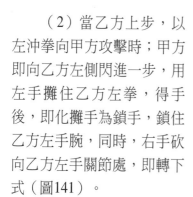

圖141

54. 雙龍出海

依上勢，身腰馬右轉成拍腳鉗陽馬。雙手變雙掌猛擊木椿面部（圖142）。

圖142

圖 143

拆門解義

當甲方右手砍向乙方左拳時，即雙推手推擊乙方肩部，將乙方擊出，失去戰鬥力（圖143）。

圖 144

55. 童子拜佛

依上勢，兩掌收回胸前合十成拜佛掌（圖144）。

圖 145

56. 力踢華山

依上勢，右腳扣勁，以腳掌向木樁肋部踢出（圖145）。

圖 146

拆門解義

（1）雙方準備格鬥（圖146）。

（2）乙方進步，以左沖拳向甲方進攻；甲方隨身轉向乙方左側進步，先以雙拜掌攔截乙方左拳，隨即出右腳擊乙方膝、腰等要害部（圖147）。

圖 147

57. 探囊取寶

依上勢，右腳退一步落地後，左腳尖上仰踢向木椿底部。左攤手攤向木椿左手外簾，右手成低掌直擊木椿腹部（圖148）。

圖 148

圖 149

拆門解義

（1）雙方準備格鬥（圖149）。

圖 150

（2）乙方上步，以左沖拳打向甲方中上路；甲方即側身閃向乙方左側，以左攤手攤住乙方左手外簾，同時打出右底掌在乙方肋部（圖150）。

圖 151

58. 耕攔腳法

依上勢，左腳回收半步，右腳刮向木樁下半部（由下向上刮）。而左手攔木樁下手，右手耕木樁左手（圖151）。

拆門解義

（1）接上勢，乙方如果以右攤拳打甲方肋或腹部；甲即以左下攔手攔住乙方打來的右下拳。乙方又以左沖拳打甲方中上路；甲方即以右手耕住乙方打來的左拳（圖152）。

圖 152

（2）接上勢，當甲方雙手以耕攔手截住乙方來拳時，即起右腳打擊乙方前鋒腳或後腳膝關節，腳由下向上擊（圖153）。

圖 153

59. 探囊取寶

依上勢，右腳退一步落地後，左腳尖仰踢向木椿底部。左掌變攤手攤向木椿左手外簾，右手成低掌擊木椿腹部或肋部（圖154）。

圖 154

圖 155

拆門解義

（1）雙方準備格鬥（圖
155）。

圖 156

（2）乙方上步，以左
沖拳打擊甲方中上路；甲方
即側走向乙方左側以左攤手
攤住乙方的左沖拳外簾處
（圖156）。

圖 157

（3）當甲方攤住乙方
打來的拳時，即用右橫掌打
擊乙方肋部或脖子處（圖
157）。

60. 迫步耕攔

依上勢，左腳以鉤針步迫住木樁腳，腳外側緊貼樁腳。雙手成左攔右耕（圖158）。

圖 158

拆門解義

接上勢，這時乙方又以右下抽拳打甲方腹部；甲方以左攔手攔住乙方來拳。乙方又以左沖拳打擊甲方；甲方又以右耕手耕住乙方左沖拳，也可化別的手法打擊乙方（圖159）。

圖 159

61. 擺步攤膀

依上勢，左腳扣勁抽離木樁腳後以針步向前，身腰帶動馬成雙弓鉗陽馬。轉左手攤住木樁右手內簾，右膀手膀住木樁下手（圖160）。

圖 160

圖 161

拆門解義

（1）雙方準備格鬥（圖
161）。

圖 162

（2）乙方上步，以左
抽拳打甲方右肋；甲方右手
及肘以膀手膀住乙方上抽的
左橋（圖162）。

圖 163

（3）乙方左抽拳被截
住，又以右直沖拳打擊甲方
上路；甲方即以左攤手攤住
乙方打來的右拳（圖163）。

62. 紫微伏獸

依上勢，身腰馬右轉，正對木樁。左攤手轉按手往下按住木樁下手，右膀手沉肘爭得內簾後，由木樁左右手間，直擊木樁面部（圖164）。

圖 164

拆門解義

接上勢，當甲方攤膀手管住乙方雙手後，如乙方右手下漏上抽打甲方肋部，甲方化左手變下按，同時沖右直拳打擊乙方臉部（圖165）。

圖 165

63. 鳳爪虎拳

依上勢，身腰馬不動。右拳沉肘變掌，向木樁左手抓去，左按掌變上沖拳猛擊木樁面部（圖166）。

圖 166

圖 167

拆門解義

接上勢，當甲方右沖拳完成後，如乙方左沖拳又攻甲方，甲方右沖拳即轉拉手或弓背割手割住乙方左手，同時沖打出左拳打擊乙方臉部（圖167）。

圖 168

64. 托樑換柱

依上勢，雙掌外攤轉成陽掌時，促勁往上推託。注意雙手留中（圖168）。

圖 169

拆門解義

（1）雙方準備格鬥（圖169）。

（2）甲方上步，並以
雙掛拳或雙沖拳打擊乙方；
乙方即迎擊上，以托手托住
甲方雙拳（圖170）。

圖 170

65. 蛟龍滾浪

依上勢，以身腰馬促勁
左轉，重心在右腳上。左手
變攔手攔在木樁的右手內
簾，右手成耕手耕在木樁左
手外簾（圖171）。

圖 171

拆門解義

如甲方以左沖拳、右手
轉下伏手伏在乙方托手，當
右伏手下按一半又突然轉沖
拳，攻乙方左上右下二路；
乙方即側身坐馬，以右手耕
住甲方左手外簾，而左手則
攔住甲方右沖拳內簾（圖
172）。

圖 172

圖 173

圖 174

圖 175

66. 蛟龍滾浪

依上勢，身腰右轉，重心在左腳上。左手變耕手耕住木樁右手外簾，右手變下攔手攔住木樁左手內簾（圖173）。

拆門解義

接上勢，當乙方黏住甲方雙手時，即發揮詠春拳黏手之特點，以雙手二桐迫住甲方，突然轉身，即身、腰、馬轉右，力坐在左馬上，左手化耕手耕住甲方右橋手上，而右手化攔手攔在甲方左橋手內簾（圖174）。

67. 蛟龍滾浪

依上勢，以身腰馬促勁左轉，重心在右腳上。左手起肘沉指成攔手攔住木樁右手內簾，右手轉攤成耕手，耕在木樁左手外簾（圖175）。

拆門解義

接上勢，為轉移甲方視線，乙方又將身腰馬轉向左方，重心坐在右馬上，雙手帶著甲方雙手轉成右耕手，耕在甲方左橋外簾，而左手攔在甲方右橋手內簾（圖176）。

圖 176

68. 飛鷹擒兔

依上勢，身腰轉正成二字鉗陽馬。右手成弓背留中掌留在木樁左手，左手化掌猛擊木樁右肋（圖177）。

圖 177

拆門解義

接上勢，當乙方右耕左攔管住甲方雙手時，身體突然轉正面，朝甲方右橋手割住甲方橋手外簾，而左手化漏下橫掌打擊甲方右肋部或心口部（圖178）。

圖 178

69. 托樑換柱

依上勢，當雙掌外攤轉成陽掌時，兩手促勁往上推託。注意兩手留中（圖179）。

圖 179

拆門解義

（1）雙方準備格鬥（圖180）。

圖 180

（2）乙方上步，以雙掛拳打擊甲方；甲方即迎上，以托手托乙方來拳，一般都是雙拳打來雙托，單拳打來單托（圖181）。

圖 181

70. 蛟龍滾浪

依上勢，身腰右轉，重心在左腳上。左手變耕手耕在木樁右手外簾，右手成下攔手攔在木樁的左手內簾（圖182）。

圖 182

拆門解義

接上勢，當甲方按住乙方拳時，身、腰、馬右轉，重心坐在左馬上，以左耕手耕住乙方右拳外簾，而右手化攔手攔住乙方左橋內簾（圖183）。

圖 183

71. 蛟龍滾浪

依上勢，以身腰馬促勁左轉，重心在右腳上。左耕手沉腕起肘成攔手，攔在木樁的右手內簾；右下攔手轉成耕手，耕在木樁左手外簾（圖184）。

圖 184

圖185

拆門解義

當甲方雙手管住乙方雙手時，即以雙橋管住乙方，轉腰將重心移在右腳上，成右耕手耕住乙方左手外簾，而左手化攔手，攔住乙方右橋手內簾，如對方無空檔再擊，即再轉下勢蛟龍滾浪（圖185）。

72. 蛟龍滾浪

依上勢，身腰右轉，重心在左腳上。左手變耕手耕在木椿右手外簾，右手下攔手攔在木椿的左手內簾（圖186）。

圖186

拆門解義

接上勢，這時為更好地打擊敵人，為轉移對方視線及注意力，甲方又將自己的腰馬轉右，身腰馬重點坐在左馬上，即成左手耕在乙方的右橋手外簾，而右手橋攔在乙方左橋手內簾（圖187）。

圖187

73. 飛鷹擒兔

依上勢，身腰馬坐正成二字鉗陽馬。左手成弓背留中掌按住木樁右手，右手以橫掌猛擊木樁左肋部（圖188）。

圖 188

拆門解義

接上勢，甲方身突然轉正，左手割伏住乙方的右橋手橋面上，右攔手化漏下橫掌打擊乙方左肋部（圖189）。

圖 189

74. 托樑換柱

依上勢，當雙掌外攤轉成陽掌時，兩手促勁往上推託，兩手留中（圖190）。

圖 190

圖 191

拆門解義

（1）雙方準備格鬥（圖191）。

圖 192

（2）甲方上步，以雙拳攻擊乙方；乙方即迎上，以托手托住甲方雙拳（圖192）。

75. 獅子回頭

圖 193

依上勢，左腳以針步向左前方一步，身腰馬隨即跟上一步。右手單膀起，以肘、肩勁膀向木樁右手內簾，左單拜掌護於左肋前。目光右視，盯住木樁中線（圖193）。

拆門解義

當乙方托住甲方攻擊手肘底時，乙方及時把全身向左移一步，右托手轉膀手膀住甲方右沖拳內簾。即轉下式（圖194）。

圖194

76. 彪躍懸崖

依上勢，左腳圍木樁上一步，身腰馬隨動。右手變伏掌伏住木樁右手背，左手變刀掌猛擊木樁脖子（圖195）。

圖195

拆門解義

接上勢，當乙方在膀手膀住甲方打來右沖拳後，即將膀手沉肘變拉手，鎖住甲方手腕。當乙方右手鎖住甲方手腕時，身體猛右轉，右手下拉，同時打出左殺掌在甲方脖子上，或打日字沖拳在甲方脖上（圖196）。

圖196

圖 197

77. 迫步耕攔

依上勢，進右腳迫住木
椿腳。左手變耕手耕住木椿
右手，右手成攔手攔住木椿
下手（圖197）。

圖 198

拆門解義

（1）雙方準備格鬥（圖
198）。

圖 199

（2）甲方上步，以左
勾拳打擊乙方右肋部；乙方
迎上，以右攔手攔截甲方左
勾拳。當甲方的下勾拳被攔
後，甲方又出右直拳擊打乙
方；乙方即以左耕手攔截，
即可化下勢鑿壁尋珠（圖
199）。

78. 鑿壁尋珠

依上勢，右腳抽離木樁腳成二字鉗陽馬，面向木樁。左手成弓背留中掌伏住木樁順手背，右掌變拳促勁擊向木樁中丹（圖200）。

圖 200

拆門解義

接上勢，當乙方左耕手、右攔手耕攔住甲方攻擊後，即展開反擊，側門轉入中門，左手變割手仍看甲的右沖拳，而右攔手隨身轉正發直沖拳擊打甲方胸口，也可化豎拳打擊甲方（圖201）。

圖 201

79. 猛豹穿峰

依上勢，右手上攤，攤住木樁左手內簾，並以左沖拳打木樁中丹（圖202）。

圖 202

圖 203

拆門解義

依上勢，這時如甲方右手有動作，乙方右沖拳及時上攤，看管甲方左手，左割手即圈腕掄內打個左沖拳在甲方胸口或下頜（圖203）。

圖 204

80. 托樑換柱

依上勢，雙掌外攤轉成陽掌時，兩手促勁往上推託，注意兩手留中（圖204）。

圖 205

拆門解義

（1）雙方準備格鬥（圖205）。

（2）乙方上步，以左或右拳攻擊甲方；甲方單托手托住乙方左或右沖拳肘底，如雙拳攻擊，即雙托。格鬥中是千變萬化，望見招拆招（圖206）。

圖 206

81. 獅子回頭

依上勢，右腳向右前方進一步，左手成膀手膀住木樁左手內簾，右拜掌護於左肋或左肩膀，上身朝右（圖207）。

圖 207

拆門解義

依上勢，當甲方托住乙方肘底時，乙方又以左沖拳打甲；甲方全身向右移一步，以膀手膀住乙方左沖拳內簾（圖208）。

圖 208

圖 209

82. 彪躍懸崖

依上勢，身隨木樁轉，右腳向前一步。左手伏住木樁左手，右手變切掌猛擊木樁脖子（圖209）。

圖 210

拆門解義

（1）當甲方左手膀住乙方左沖拳手後，左手沉肘轉拉手，鎖住乙方手腕（圖210）。

圖 211

（2）接上勢，當甲方左手鎖住乙方手腕時，體猛左下拉，同時打出右殺掌在乙方脖子上（圖211）。

83. 迫步耕攔

依上勢，左腳進馬迫住
木樁腳（腳外側緊貼木樁
腳）。左手變下攔手攔住木
樁下手，右手耕住木樁左手
外簾（圖212）。

圖212

拆門解義

（1）雙方準備格鬥
（圖213）。

圖213

（2）乙方上步，以右
勾拳打擊甲方的左肋部；甲
方即以左攔手攔截乙方進
攻。乙方右下勾手被攔，又
打出左直拳；甲方以右耕手
耕住，後即轉鑿壁尋珠（圖
214）。

圖214

圖 215

84. 鑿壁尋珠

依上勢，左腳抽離木椿腳，身腰馬隨即轉正成二字鉗陽馬。右手變弓背留中掌按伏木椿左手背，左手變日字沖拳猛擊木椿中丹（圖215）。

拆門解義

接上勢，當甲方右耕左攔住乙方攻擊後，即化手反擊，即由側轉入中門，右手化割手仍看管住乙方左沖拳，而左攔手隨身體轉正發直沖拳直擊乙方胸口（圖216）。

圖 216

85. 猛豹穿峰

依上勢，左手化攤手攤在木椿右手內簾，右手變日字拳猛擊木椿中丹（圖217）。

圖 217

拆門解義

當甲方右手割住乙方左
沖拳，以左直拳打擊乙方胸
口後，如乙方右沖拳回擊，
即化左沖拳為上攤手，攤住
乙方打來的右手，右手轉伏
手掄內沖打沖拳，擊在乙方
胸口上或標指（圖218）。

圖 218

86. 托樑換柱

依上勢，雙掌外攤轉成
陽掌時，兩手促勁往上推
託。注意兩手留中（圖219）。

圖 219

拆門解義

（1）雙方準備格鬥（圖
220）。

圖 220

圖 221

（2）甲方上步以右直拳打擊乙方；乙方迎上，以托手托住甲方右沖拳肘底，直打一個右沖拳在甲方臉上，也可化下式（圖221）。

87. 飛鴻反掌

依上勢，身腰左轉，重心在右腳上。右手變耕手耕在木樁左手外簾，左手成攔手攔在木樁右手內簾（圖222）。

圖 222

拆門解義

（1）雙方準備格鬥（圖223）。

圖 223

（2）甲方以左直拳打擊乙方；乙方即以右耕手耕在甲方左拳外簾。甲方又以右沖拳打擊乙方中下路；乙方即左攔手攔在甲方右直拳內簾（圖224）。

圖 224

88. 飛鴻反掌

依上勢，身腰馬右轉，重心在左腳上。左手反轉成耕手，耕在木樁右手外簾；右掌下插後起肘攔在木樁左手內簾（圖225）。

圖 225

拆門解義

接上勢，當乙方耕攔住甲方雙拳時，即轉身，右耕手圈成攔手，攔在甲方左手內簾，而左攔手轉耕手，耕在甲方右手外簾上（圖226）。

圖 226

圖 227

89. 飛鴻反掌

依上勢，身腰馬左轉，重心在右腳上。右手變滾椿手向上反耕，耕住木椿左手外簾，左手轉插掌後起肘攔住木椿右手內簾（圖227）。

圖 228

拆門解義

接上勢，當乙方左耕手轉攔手攔住甲方右手時，右手從攔手轉成耕手耕在甲方左橋手上（圖228）。

圖 229

90. 霸王夜宴

依上勢，左腳繞木椿進一步。右手伏抓木椿右手，左手扣住木椿脖子（圖229）。

拆門解義

（1）接上勢，雙方準備格鬥（圖230）。

圖230

（2）甲方上步沖右拳打擊乙方；乙方即以右手攤住甲方來拳，突然轉拉手，左手速抓住甲方脖子（圖231）。

圖231

91. 猛鶴回頭

依上勢，當霸王夜宴扣住木樁脖位時，身體急左轉，以右肘撞擊木樁頭部（圖232）。

圖232

圖 233

圖 234

圖 235

拆門解義

依上勢，身腰馬左轉，左手橫按甲方右拳手，同時右肘橫打在甲方頭部（圖233）。

92. 詠春虎尾

依上勢，身體突然右轉，重心移在右腳上，偷出左腳打在木樁腳上（圖234）。

拆門解義

接上勢，當乙方打完右肘後，即身體轉右，全身重心在右腳上，偷出左腳打在甲方前腳或後腳上，詠春拳謂此腳法為虎尾腳（圖235）。

93. 托樑換柱

依上勢，當雙掌外攤轉成陽掌時，兩手促勁往上推託。注意兩手留中（圖236）。

圖 236

拆門解義

（1）雙方準備格鬥（圖237）。

圖 237

（2）乙方上步，以拳攻擊甲方；甲方單、雙托手托住乙方，夾拳肘底後轉下（圖238）。

圖 238

圖 239

94. 飛鴻反掌

依上勢，身腰馬右轉，重心在左腳上。左手變耕手耕住木樁右手外簾，右手成攔手攔在木樁左手內簾（圖239）。

圖 240

拆門解義

（1）接上勢，雙方準備格鬥（圖240）。

圖 241

（2）乙方以右直拳打擊甲方；甲方即以左耕手耕在乙方右拳外簾。乙方又以左沖拳打擊甲方；甲方即以右攔手攔在乙方左拳內簾（圖241）。

95. 飛鴻反掌

依上勢，身腰馬左轉，
重心在右腳上。右手以滾椿
手向上反耕，耕住木椿左手
外簾；左手轉插掌，然後起
肘攔住木椿右手內簾（圖
242）。

圖 242

拆門解義

當甲方耕攔住乙方雙拳
時，即轉身左耕手圈腕成攔
手，攔住乙方右手內簾，而
右攔手轉耕手耕住乙方右手
外簾（圖243）。

圖 243

96. 飛鴻反掌

依上勢，身腰馬右轉，
重心在左腳上。左手化掌為
耕手，耕住木椿右手外簾；
右掌下插後起肘，攔住木椿
左手內簾（圖244）。

圖 244

圖 245

拆門解義

　當甲方耕攔住乙方雙拳時，即轉身，成左耕右攔，封住乙方雙手（圖245）。

圖 246

97. 霸王夜宴

　依上勢，右腳繞木椿進一步。左手伏抓木椿左手，右手扣住木椿脖子（圖246）。

圖 247

拆門解義

　（1）雙方準備格鬥（圖247）。

（2）乙方上步沖右拳
打甲方；甲方即以左手攤住
來拳外簾。乙方又想打拳
時；甲方及時轉拉手，而右
手扣住乙方脖子（圖248）。

圖 248

98. 猛鶴回頭

接上勢，當霸王夜宴扣
住木椿脖子時，身體急右回
轉，以左肘撞擊木椿頭部
（圖249）。

圖 249

拆 門 解 義

接上勢，甲方身腰馬右
轉，右手橫按乙方右拳手
上，同時左肘橫打在乙方頭
部（圖250）。

圖 250

圖 251

99. 詠春虎尾

接上勢，身體突然左轉重心移在左腳上，偷出右腳打在木樁腳上（圖251）。

圖 252

拆門解義

接上勢，當甲方打完右肘，身體馬上左轉，重心移左腳上，偷出右腳打在乙方腳上（圖252）。

圖 253

100. 托樑換柱

依上勢，雙掌外攤，轉至成陽掌時，兩手促勁往上推託。注意兩手留中（圖253）。

拆門解義

（1）雙方準備格鬥（圖254）。

圖 254

（2）甲方上步，以右直拳打擊乙方；乙方迎上，以托手托住甲方右沖拳肘底（圖255）。

圖 255

101. 老象尋牙

依上勢，左手化拜掌推向木樁的左手內簾，右掌化拜掌護於右胸前（圖256）。

圖 256

圖 257

拆門解義

（1）雙方準備格鬥（圖257）。

圖 258

（2）甲方上步，以左沖拳打擊乙方；乙方即以左橫推掌，封住甲方來拳二桐處（圖258）。

圖 259

102. 老象尋牙

依上勢，左拜掌上收回左胸前，右拜掌推向木樁右手內簾（圖259）。

拆門解義

甲方又以右沖拳擊打乙方中上路；乙方又以右推掌橫拍打甲方來拳二桐處（圖260）。

圖 260

103. 老象尋牙

依上勢，左手化掌由下推向木樁左手內簾，右拜掌收回左胸前（圖261）。

圖 261

拆門解義

接上勢，甲方又以左拳打擊乙方中上路；乙方即以左推掌封住甲方打來的左拳二桐處（圖262）。

圖 262

圖263

104. 單龍出海

依上勢，右拜掌不動，左掌變伏手伏在木樁左手上，並前推掌，刀砍木樁脖子處（圖263）。

圖264

拆門解義

接上勢，當乙方左推掌封住甲方打來的左拳內簾時，即將左手變化切掌，直擊甲方脖子（圖264）。

圖265

105. 毒蛇吐信

依上勢，左伏手變攤手攤在木樁右手內簾，右手變標指擊向木樁面部（圖265）。

拆門解義

接上勢，當乙方左手橫
掌切向甲方脖子時，如甲方
又以右沖拳打乙方，乙方左
手攤住甲方右沖拳，同時右
手以標掌直標甲方頭部（圖
266）。

圖 266

106. 毒蛇吐信

依上勢，將右標指手變
為攤手，攤在木椿左手內
簾，左手變標指插向木椿面
部（圖267）。

圖 267

拆門解義

如甲方又以左拳打擊乙
方；乙方右手即轉攤手，而
左手即標擊甲方面部（圖
268）。

圖 268

圖 269

107. 猛龍吐珠

依上勢，左手轉成按掌按住木樁下手，右掌變拳猛擊木樁面部（圖269）。

圖 270

拆門解義

（1）雙方準備格鬥（圖270）。

圖 271

（2）甲方左沖拳擊打乙方；乙方左手即按甲方右直拳，打出右直拳在甲方面部（圖271）。

108. 猛龍吐珠

依上勢，右拳變按掌按住木樁下手，左按掌隨即變日字拳，猛擊木樁面部（圖272）。

圖 272

拆門解義

甲方以右直拳掄中穿橋打乙方；乙方及時按甲左沖拳，同時左拳打甲面部（圖273）。

圖 273

109. 餓虎擒羊

依上勢，左手下按在木樁右手上，雙手左上右下按在木樁下手（圖274）。

圖 274

圖 275

拆門解義

接上勢，當乙方打完左拳後，即轉下鎖按手，成雙按掌勢（圖275）。

圖 276

110. 連環標指

依上勢，左拳變掌摸木樁下手，然後壓在右手背上，變標指插向左上，右手直插木樁頭、胸部（圖276）。

圖 277

拆門解義

當乙方雙手把甲方雙沖拳下按後，即突然將二手上標甲方中丹，左上右下（圖277）。

111. 反手攤搭

依上勢，兩手同時攤在木樁兩上手上（圖278）。

圖 278

拆門解義

（1）接上勢，甲方雙手被制，突然起右膝頂乙方下部；乙方即以雙按掌下按甲膝（圖279）。

圖 279

（2）接上勢，當乙方雙手按甲方膝，甲又以雙掃拳打擊乙方；此時，乙方雙手及時上攤，搭住甲方雙掃拳（圖280）。

圖 280

圖281

112. 龍騰虎躍

依上勢，雙手反轉（左上右下）插向木樁面部。同時，出左腳踢打在木樁下手底部（圖281）。

圖282

拆門解義

接上勢，當乙方雙攤搭手攤搭住甲方雙手時，突然以雙標指左上右下插向甲雙穴。同時，出左腳擊甲腹部（圖282）。

圖283

113. 餓虎擒羊

依上勢，左腳歸原位，雙手同時向下按木樁下手，雙手左上右下（圖283）。

拆門解義

（1）雙方準備格鬥（圖
284）。

圖 284

（2）甲方以雙抄拳打
擊乙方；乙方即以雙攤搭迎
擊甲方進攻（圖285）。

圖 285

（3）甲雙手被制，突
然起膝撞擊乙方，即以餓虎
擒羊雙手下按，隨後轉連環
沖拳（圖286）。

圖 286

圖287

114. 連環沖拳

依上勢，左按掌變日字拳猛擊向木樁面部，右掌不動（圖287）。

圖288

拆門解義

接上勢，當乙方以雙按掌按住甲方膝部時，甲方又雙拳反擊，乙方即以右手按甲方左手，打出左沖拳在甲方臉上，甲方也可以以勾拳技擊（圖288）。

圖289

115. 連環沖拳

依上勢，左日字拳變掌摸按木樁下手，同時右手變日字拳猛擊木樁面部（圖289）。

拆門解義

接上勢，這時甲方以右沖拳搶內簾打乙方；乙方左手即轉下按手，及時打出右沖拳在甲方臉上，甲方也可以以勾拳技擊（圖290）。

圖290

116. 連環沖拳

依上勢，右拳變掌按摸木樁下手，左掌變拳猛擊木樁面部（圖291）。

圖291

拆門解義

接上勢，甲方以左拳搶內簾內沖，乙方右拳即變按掌，按住甲方左拳，同時打出左沖拳在甲方臉部，甲方也可以以勾拳技擊（圖292）。

圖292

圖 293

117. 連環沖拳

依上勢，左拳變掌向下按住木樁下手，右掌變拳猛擊木樁面部（圖293）。

圖 294

拆門解義

接上勢，如果甲方又以左手反擊；乙方左手轉按手下按甲方右拳，又打出右沖拳在甲方臉上，甲方也可以以勾拳技擊（圖294）。

圖 295

118. 連環沖拳

依上勢，右拳變掌向下按住木樁下手，左掌變拳猛擊木樁面部（圖295）。

拆門解義

接上勢，如甲方又發左拳反擊；乙方右沖拳轉下按手，又打出左日穿拳（圖296）。這組拳就是詠春拳的連環五雷沖拳。

圖 296

119. 托樑換柱

依上勢，雙掌外攤轉成陽掌時，兩手促勁往上托，注意兩手留中（圖297）。

圖 297

拆門解義

（1）雙方準備格鬥（圖298）。

圖 298

圖 299

（2）乙方以拳攻擊甲方；甲方即以托手托住乙方來拳肘底（圖299）。

圖 300

120. 老象尋牙

依上勢，右手變拜佛掌推向木樁右手內簾，左手成拜佛掌護於左胸前（圖300）。

圖 301

拆門解義

（1）雙方準備格鬥（圖301）。

（2）乙方以右沖拳打擊甲方上路；甲方即以右推掌封住乙方打來的右拳（圖302）。

圖302

121. 老象尋牙

依上勢，左拜佛掌由下推向木椿左手內簾，右拜佛掌收回右胸前（圖303）。

圖303

拆門解義

接上勢，乙方又以左沖拳擊打甲方中上路；甲方又以左推掌拍打乙方打來左拳的內簾（圖304）。

圖304

圖 305

122. 老象尋牙

依上勢，右拜掌由下推
向木樁右手內簾，左拜掌收
回左胸成護掌（圖305）。

圖 306

拆門解義

接上勢，乙方又以右拳
打擊甲方中路；甲方即以右
推手封住乙方右拳內簾（圖
306）。

圖 307

123. 單龍出海

依上勢，右拜掌變伏手
伏在木樁右手上前推，左拜
掌不動（圖307）。

拆門解義

接上勢，甲方右推掌打向乙方來拳內簾，即以右手變切掌直殺乙方脖子（也可在乙方打左沖拳時推其外簾，從外簾殺其脖子，靈活運用）（圖308）。

圖 308

124. 毒蛇吐信

依上勢，右手化為攤手攤在木樁左手內簾，左手變標指插向木樁面部（圖309）。

圖 309

拆門解義

接上勢，甲方右手切向乙方脖子時，如乙方又以左沖拳壓打甲方；甲方即以右攤手攤乙方橋手內簾，而左手以標指手直標乙方頭部（圖310）。

圖 310

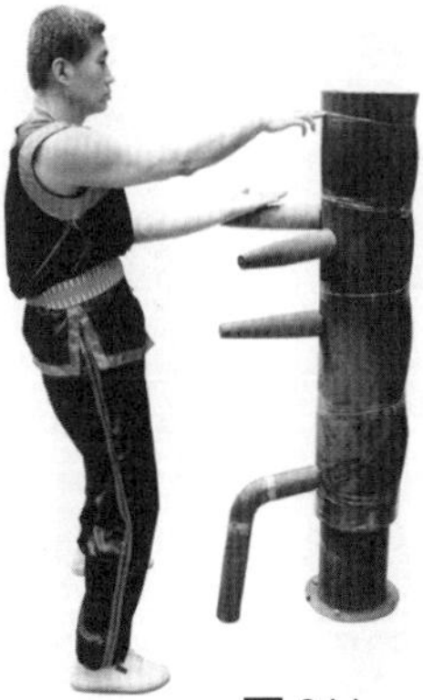

圖 311

125. 毒蛇吐信

依上勢，左標指變攤手攤在木樁右手內簾，右攤手變標指插向木樁面部（圖311）。

拆門解義

接上勢，如乙方又以右拳攻擊甲方；甲方左手即轉攤手攤住乙方右手上，右手直標乙方臉（圖312）。

圖 312

圖 313

126. 猛龍吐珠

依上勢，右手變按掌按住木樁下手，左攤手變日字沖拳猛擊木樁面部（圖313）。

拆門解義

依上勢，乙方以左拳打擊甲方；甲方右按手按乙方左拳，左拳直打乙方臉部（圖314）。

圖 314

127. 猛龍吐珠

依上勢，左拳變掌向下按木樁下手，右按掌變日字沖拳猛擊木樁面部（圖315）。

圖 315

拆門解義

接上勢，乙方以右沖拳打擊甲方；甲方即以左按手按住乙方右拳，同時出右沖拳擊乙臉（圖316）。

圖 316

圖 317

128. 餓虎擒羊

依上勢，打完右沖拳即轉下按手，雙手變疊掌後，即右手上左手下按住木樁下手（圖317）。

圖 318

拆門解義

（1）甲乙方準備格鬥（圖318）。

圖 319

（2）乙方以右拳打甲方；甲方雙按掌按乙方右拳（圖319）。

129. 連環標指

依上勢，右拳摸木樁下手後壓在左掌上，然後變標指向右插上直擊木樁的面部，左手向下直插木樁的中丹（圖320）。

圖 320

拆門解義

接上勢，當甲方雙手把乙方沖拳按下後，即突然將二手上標乙方上中丹穴，右上左下（圖321）。

圖 321

130. 反手攤搭

依上勢，雙手同時攤在兩木樁手上（圖322）。

圖 322

圖 323

拆門解義

（1）雙方準備格鬥（圖323）。

圖 324

（2）乙方起膝打甲方；甲方即以餓虎擒羊按住乙方膝部（圖324）。

圖 325

（3）如乙方又以雙抄拳打擊甲方；甲方雙手攤搭住乙方抄拳的內簾（圖325）。

131. 龍騰虎躍

依上勢，雙手變標指後直插（右下左上）打木樁面部。左或右腳同時踢打木樁下手底部（圖326）。

圖 326

拆門解義

接上勢，當甲方攤住乙方雙手時，突然標指插向乙方雙眼，同時打出右腳踢在乙方腹部（圖327）。

圖 327

132. 餓虎擒羊

依上勢，雙手變疊掌後用掌根勁下按木樁下手，雙掌右上左下（圖328）（訓練時雙掌上、下可交替）。

圖 328

圖 329

拆門解義

（1）甲乙雙方準備格
鬥（圖329）。

圖 330

（2）乙方以雙直拳打
擊甲方；甲方可用雙攤搭或
雙標手接乙方雙手，及打擊
乙方（圖330）。

圖 331

（3）接上勢，乙方雙
拳被封，又以腳膝頂擊甲
方；甲方即用雙手下按（圖
331）。

133. 連環沖拳

依上勢，右掌變日字沖
拳向上猛擊木樁面部（圖
332）。

圖 332

拆門解義

接上勢，甲方以雙按手
按住乙方膝部時，左手仍按
住乙方膝部，偷出右沖拳打
擊乙方臉部（圖333）。

圖 333

134. 連環沖拳

依上勢，右拳變掌向下
按木樁下手，左掌變日字沖
拳向上猛擊木樁面部（圖
334）。

圖 334

圖 335

拆門解義

接上勢，這時乙方又以左直拳內搭甲方右沖拳；甲方右手即轉下按手，及時打出左直沖拳在乙方臉部（圖335）。

圖 336

135. 連環沖拳

依上勢，左拳變掌向下按住木樁下手，右掌變日字沖拳向上猛擊木樁面部（圖336）。

圖 337

拆門解義

接上勢，乙方又以右拳掄內攻；甲方左拳即變按掌按乙方右拳，同時打出右沖拳（圖337）。

136. 連環沖拳

依上勢，右拳變掌向下按住木樁下手，左掌變日字沖拳向上猛擊木樁面部（圖338）。

圖 338

拆門解義

接上勢，乙方又以左手反擊；甲方右手即掄中轉按手，同時打出左沖拳（圖339）。

圖 339

137. 連環沖拳

依上勢，左沖拳變掌向下按木樁下手，右按掌變日字沖拳向上猛擊木樁面部（圖340）。

圖 340

圖 341

拆門解義

接上勢，乙方又掄中打右拳；甲方左沖拳轉下按手，又打出右沖拳（圖341）。這組沖拳就是詠春拳的連環五雷沖拳。

圖 342

138. 托樑換柱

依上勢，當雙掌外攤轉成陽掌時，兩手促勁往上推託，注意兩手留中（圖342）。

圖 343

拆門解義

（1）雙方準備格鬥（圖343）。

（2）甲方上步以直拳
打擊乙方，乙方迎上，以托
手托住甲方直沖拳肘底（圖
344）。

圖344

139. 獨臂擒狼

依上勢，腰馬左轉。右
手成上膀手膀向木樁右手內
簾，左手成拜掌護於右胸前
（圖345）。

圖345

拆門解義

接上勢，當乙方托住甲
方打來的拳手時，身體及時
左轉，掄成右膀手，膀住甲
方打來的右拳（圖346）。

圖346

圖 347

140. 紫微伏獸

依上勢,身腰馬坐正,右膀手變按掌向下按木樁下手,左拜掌變日字沖拳猛擊木樁面部(圖347)。

圖 348

拆門解義

接上勢,當乙方右膀手膀住甲方右沖拳時;甲方又以左拳打擊乙方肋部。乙方即身體右坐正,沉右肘轉右按手,同時打出左沖拳在甲方面部(圖348)。

圖 349

141. 紫微伏獸

依上勢,左沖拳變按掌向下按住木樁下手,右按掌變日字拳向上猛擊木樁面部(圖349)。

拆門解義

接上勢，如果甲方又以右沖拳揰中打擊乙方；乙方即以左手按住乙方打來右拳，同時打一個右沖拳在甲方臉上（圖350）。

圖 350

142. 白鶴亮翅

依上勢，身腰左轉，右掌伏住木樁右手即右轉，同時左肘尖橫掃猛擊木樁頭部（圖351）。

圖 351

拆門解義

接上勢，甲方又以右手打擊乙方；乙方即以右手下按甲方右拳內帶，體微右轉，從上按下甲方右手，同時打一個左肘在甲方臉上（圖352）。

圖 352

圖 353

143. 白鶴亮翅

依上勢，當左肘尖撞在木樁頭部時，左手即變掌按住木樁左手，然後身腰左轉，以右肘尖撞擊木樁頭部（圖353）。

圖 354

拆門解義

接上勢，不管甲方打不打左拳，乙方馬上掄打，從上到下內帶甲方左手，同時身體左轉，打一個右肘在甲方臉上（圖354）。

圖 355

144. 托樑換柱

依上勢，雙掌向外攤，當轉成陽掌時兩手促勁往上推託，注意兩手留中（圖355）。

拆門解義

（1）雙方準備格鬥（圖
356）。

圖 356

（2）乙方以拳攻擊甲
方；甲方即以托手托住乙方
來拳肘底（圖357）。

圖 357

145. 獨臂擒狼

依上勢，身腰馬右轉。
左手成高膀手膀住木椿左手
內簾，右手變拜佛掌護於左
胸前（圖358）。

圖 358

圖 359

拆門解義

當甲方托住乙方打來左
沖拳肘部時，身體及時右
轉，化成左膀手膀住乙方打
來的左拳（圖359）。

146. 紫微伏獸

依上勢，身腰馬坐正。
左膀手變掌向下按住木椿中
手，右拜掌變日字沖拳猛擊
木椿面部（圖360）。

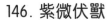

圖 360

拆門解義

接上勢，甲方以左膀手
膀住乙方左沖拳時，如乙方
又以右拳打擊甲方肋部；甲
方身體轉左坐正，沉左肘轉
左伏手，按住乙方右手，同
時打右沖拳在乙方面部（圖
361）。

圖 361

147. 紫微伏獸

依上勢，右拳變掌向下按住木樁下手，左按掌變日字拳向上猛擊木樁面部（圖362）。

圖 362

拆門解義

接上勢，如乙方又打左拳，以左沖拳掄內打擊甲方；甲方即以右按手按住乙方打來的左拳，同時打一個左沖拳在乙方臉上（圖363）。

圖 363

148. 白鶴亮翅

依上勢，左拳變按掌向下按住木樁左手，然後以右肘尖猛擊木樁頭部（圖364）。

圖 364

圖365

拆門解義

接上勢，乙方以左手打擊甲方；甲方即以左手下按乙方左拳，體微左轉，從上按下乙方左手，同時打一個右肘在乙方臉上（圖365）。

圖366

149. 白鶴亮翅

依上勢，右手變按掌按住木樁右手，身腰隨即右轉，以左肘尖橫掃，猛擊木樁頭部（圖366）。

圖367

拆門解義

接上勢，不管乙方打不打右拳，甲方馬上掄打，從上到下內帶乙方右手，同時身體右轉，打一個左肘在乙方臉部（圖367）。

150. 托欄換柱

依上勢，雙掌外攤，當
轉至成陽掌時，兩手促勁往
上推託，注意兩手要留中
（圖368）。

圖 368

拆門解義

（1）雙方準備格鬥（圖
369）。

圖 369

（2）甲方以沖拳直打
乙方；乙方即以托手托住甲
方打來的拳（圖370）。

圖 370

圖 371

151. 獅子回頭

依上勢，身腰馬左轉。右手變膀手膀住木樁左手外簾，左手變拜佛掌護於右胸前（圖371）。

圖 372

拆門解義

當乙方以右托手托住甲方來拳時，即左轉身將右手膀起膀在甲方左沖拳的外簾。如甲方用腳打來，也可一樣地以膀手接招（圖372）。

圖 373

152. 仙人托缽

依上勢，身腰馬坐正。右膀手沉肘變右攤手攤住木樁左手內簾，右拜掌不動（圖373）。

拆門解義

這組乙方以左手訓練。

接上勢，甲方以右直拳打擊乙方；乙方即以膀手沉肘橫托甲方打來右拳肘底內簾處，也可直攤著甲打來拳橋上（圖374）。

圖 374

153. 單虎出洞

依上勢，右攤手促勁，力貫五指後反掌，然後以豎掌打向木椿面部，左拜掌不動（圖375）。

圖 375

拆門解義

接上勢，當乙方左托手托住甲方右拳時，托手直化沖拳或爪抓甲方喉部（圖376）。也可以右手轉過來訓練。

圖 376

圖 377

154. 玄壇伏虎

依上勢，右豎掌變按掌向下按住木樁下手，左手不動（圖377）。

圖 378

拆門解義

接上勢（以左手訓練），當乙右虎爪去抓甲方臉部時，甲方乘乙方爪上抓時，即突然左拳伏擊乙方腹部。乙方即將上爪手下按住甲方左拳（圖378）。也可右手訓練。

圖 379

155. 雙撞拳法

依上勢，雙手同時握拳，左上右下地向木樁的頭和中丹猛擊（圖379）。

拆門解義

當乙方左手下按甲右拳時，即轉雙撞拳法，即左手攔擊打甲臉，右手直打甲胸；也可左手打甲胸口，右手打甲臉（圖380）。靈活運用，左右手反覆訓練。

圖 380

156. 餓鶴尋蝦

依上勢，左拳變掌按住木樁左手，然後以右肘叩擊木樁喉部（圖381）。

圖 381

拆門解義

如甲方以左手進攻乙方；乙方即以左手扣按甲左手，以右肘從上打下，擊甲方正中丹田部位（圖382）。

圖 382

圖 383

157. 餓鶴尋蝦

依上勢，右手變掌按住
木樁右手，然後以左肘叩擊
木樁喉部（圖383）。

圖 384

拆門解義

接上勢，如甲方右拳打
擊乙方；乙方右手扣住甲方
右拳來手，以左肘以上打下
甲中丹部（圖384）。

圖 385

158. 托樑換柱

依上勢，雙掌外攤，當
轉成陽掌時兩手促勁往上推
託，注意兩手留中（圖385）。

拆門解義

（1）雙方準備格鬥（圖386）。

圖386

（2）乙方以右或左拳打擊甲方；甲方即以左或右托手橫托乙方右沖拳（圖387）。

圖387

159. 獅子回頭

依上勢，身腰馬右轉。以左手膀手膀向木樁右手外簾，右手成拜掌護於左胸前（圖388）。

圖388

圖389

拆門解義

接上勢，當甲方左手托住乙方來拳時，即轉身將左手膀起，膀在乙方打來的右拳外簾（圖389）。

圖390

160. 仙人托缽

依上勢，身腰馬坐正。左手沉肘變掌外攤，攤住木樁右手內簾，右拜掌不動（圖390）。

圖391

拆門解義

當甲方以膀手膀住乙方右來拳時，即沉肘上托乙方來拳肘底，或直接攤住乙方右橋上（圖391）。

161. 單虎出洞

依上勢，促勁使力貫五指，然後以豎掌猛打木椿面部，右拜掌不動（圖392）。

圖392

拆門解義

接上勢，當甲方左托手托住乙方來拳時，即將托手化直沖爪去抓乙方喉部（圖393）。

圖393

162. 玄壇伏虎

依上勢，左豎掌打木椿面部後，變伏掌向下按木椿下手，右手不動（圖394）。

圖394

圖 395

拆門解義

接上勢，乘甲方左直沖
爪時手下空虛，乙方即打甲
方下腹；甲方左手即下按乙
方左沖拳（圖395）。

圖 396

163.雙撞拳法

依上勢，雙手變日字
拳，並右上左下地同時猛擊
木樁頭部和胸部（圖396）。

圖 397

拆門解義

接上勢，當甲方左手下
按乙方右拳時，即轉雙撞拳
法，右手攔擊打乙方臉，左
手直打乙胸口（圖397）。

164. 餓鶴尋蝦

依上勢，右拳變掌向下按住木樁右手，左肘出外簾後扭身上繞，以肘尖猛擊木樁喉部（圖398）。

圖398

拆門解義

接上勢，如乙方又以右沖拳進攻甲方；甲方以右手扣乙方右手下按，左肘從上打下擊乙方中丹部位（圖399）。

圖399

165. 餓鶴尋蝦

依上勢，左手變掌向下按木樁左手，右肘出外簾後扭身上繞，以肘尖猛擊木樁喉部（圖400）。

圖400

圖 401

拆門解義

接上勢，如乙方左拳擊打甲方；甲方左手扣住乙方左拳下按，以右肘從上打下，擊乙中丹部或頭臉部（圖401）。

圖 402

166. 托樑換柱

依上勢，雙掌外攤，當轉成陽掌時兩手促勁往上推託，注意兩手留中（圖402）。

圖 403

拆門解義

（1）雙方準備格鬥（圖403）。

（2）甲方以沖拳打擊乙方；乙方以托手上托甲方打來的拳（圖404）。

圖 404

167. 猛虎憑欄

依上勢，身腰向左轉。左手成拜掌護於左胸前，右手變膀手膀住木椿下手（圖405）。

圖 405

拆門解義

接上勢，甲方又以右腳踢乙方腹部；乙方以右膀手膀住甲方右腳即可轉打（圖406）。

圖 406

圖 407

168. 橫掃千軍

依上勢，右膀手突然下插，揉向木樁右腹部，身體略前俯（圖407）。

拆門解義

接上勢，當乙方右膀手膀住甲方右肘，及時內切打甲方腹部；或按上甲方腳時，即橫切甲方襠部（圖408）。

圖 408

169. 斑豹施威

依上勢，左腳向左方跳一步，身腰馬跟上，成右耕左攔手後，右腳向木樁腳打出虎尾腳（腳向後直踩，武術界稱此為虎尾腳）（圖409）。

圖 409

拆門解義

接上勢，這時不管甲方以左或右沖拳打擊乙方，乙方即用右手切手上挑，同時向左方跳步，以右虎尾腳打在甲方右或左前方腳關節上，而手自然成右耕左欄（圖410）。

圖 410

170. 探囊取寶

依上勢，當腳踩向樁腳後，緊接著以右腳尖踢向木樁底部。然後右手攤住木樁右手外簾，左手成橫掌或底掌打在木樁右肋（圖411）。

圖 411

拆門解義

（1）雙方準備格鬥（圖412）。

圖 412

圖 413

（2）甲方以前弓馬沖直拳打擊乙方；乙方用右攤手攤住甲方右拳外簾，而右馬向前迫住甲方馬步，同時打出左底掌在甲方肋部（圖413）。

圖 414

171. 迫步耕攔

依上勢，右腳向前緊迫木樁腳，身體稍向右轉。左手耕在木樁右手外簾，右手變攔手攔住木樁下手（圖414）。

圖 415

拆門解義
（1）甲乙雙方準備格鬥。甲方以右沖拳抽打乙方；乙方即以左耕手耕住甲方右拳（圖415）。

（2）甲方又以左沖拳打擊乙方；乙方即以右攔手攔擊甲方左沖拳內簾（圖416）。

圖 416

172. 白鶴回頭

依上勢，抽回右腳，上身稍向左轉。左手成弓背留中掌鉤住木樁右手外簾，右手變拳向上猛擊木樁面部（圖417）。

圖 417

拆門解義
（1）雙方準備格鬥（圖418）。

圖 418

（2）甲方以右抽拳抽打乙方；乙方即用左伏手攔甲方打來右拳，同時打出右鶴拳在甲臉骨處（圖419）。

圖 419

173. 白鶴回頭

依上勢，身腰稍向右轉。右拳變弓背留中掌鉤住木樁右手內簾，左手變拳向上猛擊木樁顴骨位置（圖420）。

圖 420

拆門解義

接上勢，緊接乙方身體右轉，重心坐在左馬上，右拳變割手，下割甲方右拳手內簾，左割手變鶴拳，上抽打甲方臉骨（圖421）。

圖 421

174. 白鶴回頭

依上勢，身腰稍向左轉，左拳變弓背留中掌鈎住木椿右手外簾，右手變拳向上猛擊木椿面部顴骨位置（圖422）。

圖 422

拆門解義

接上勢，甲方右抽拳或右沖拳又被乙方所控制，乙方即身體回轉左方，馬步又坐回右腳上，左拳變割掌下割甲方來拳外簾，右割掌化鶴拳打在甲方臉骨上（圖423）。該勢也叫詠春白鶴三回頭。

圖 423

175. 托樑換柱

依上勢，雙掌外攤，當轉成陽掌時，兩手促勁往上推託，注意兩手留中（圖424）。

圖 424

圖 425

拆門解義

（1）雙方準備格鬥（圖425）。

圖 426

（2）乙方沖拳打擊甲方；甲方即以托手托住乙方打來的沖拳（圖426）。

176. 猛虎憑欄

依上勢，身腰稍向右轉。左手變膀手膀向木樁下手，右手變拜佛掌護於左胸前（圖427）。

圖 427

拆門解義

接上勢，如乙方又以左腳踢甲方腹部；甲方即以左膀手膀住乙方左腳（圖428）。

圖 428

177. 橫掃千軍

依上勢，身體稍向前傾（呈小俯勢），左膀手變掌突然向木樁左腹部猛擊，右手成護掌不動（圖429）。

圖 429

拆門解義

接上勢，當甲方左膀手膀住乙方左腳時，及時內切掃乙方腹部，右拜掌隨時防乙方雙手的反擊（圖430）。

圖 430

圖431

178. 斑豹施威

依上勢，右腳向右方跳一步，左腳以虎尾腳猛踩木樁腳。雙手為左攔右耕手（圖431）。

圖432

拆門解義

這時，乙方以左沖拳或右拳打擊甲方；甲方即左手上挑，身體往右方跳一步，以左腳打擊乙方前腳（圖432）。該腳法在詠春拳中稱虎尾腳。

圖433

179. 探囊取寶

依上勢，左腳上步，腳尖踩在木樁根部。左攤手攤住木樁左手外簾，右掌變低掌打在木樁中手的左腹或肋部（圖433）。

拆門解義

（1）甲乙雙方準備格鬥（圖434）。

圖 434

（2）乙方以前弓馬，沖左拳或右拳打擊甲方；甲方以左手或右手攤住乙方直沖拳外簾上，而前馬迫住乙方馬步，同時打出左底掌在乙方肋部（圖435）。

圖 435

180. 迫步耕攔

依上勢，左腳擺步迫住木樁腳（腳外側緊貼木樁腳）。右手耕住木樁左手外簾，左手往下攔住木樁下手（圖436）。

圖 436

拆門解義

（1）雙方準備格鬥（圖437）。

圖 437

（2）乙方以左抽拳抽打甲方；甲方用右手耕乙方左抽拳。乙方又以右抽拳打擊甲方；甲方又以左攔手攔乙方進攻（圖438）。

圖 438

181. 白鶴回頭

依上勢，左腳抽離木椿腳，身腰稍向右轉。右耕手變弓背留中掌鉤住木椿左手，左手變日字沖拳猛擊木椿面部（圖439）。

圖 439

拆門解義

（1）雙方準備格鬥（圖440）。

圖440

（2）乙方以左拳或右拳打擊甲方；甲方即用右伏手攔乙方打來的拳，同時打出左鶴拳在乙臉骨上（圖441）。

圖441

182. 白鶴回頭

依上勢，身腰稍向左轉。左拳變弓背留中掌鉤住木樁左手內簾，右掌變拳向上猛擊木樁面部（圖442）。

圖442

圖 443

接上勢，乙方又以右抽
拳或左沖拳打擊甲方；甲方
體又左轉。重心坐在右馬
上，而左拳變割手下割乙方
右沖拳外簾，右割手變鶴拳
上抽打乙方臉骨（圖443）。

圖 444

183. 白鶴回頭

依上勢，身腰稍向右
轉，右拳變弓背留中掌留住
木樁左手，左掌變拳向上猛
擊木樁面部（圖444）。

圖 445

接上勢，這時，乙方又
以左抽拳或右抽拳打擊甲
方；甲方即身體回轉右方，
馬步重心在左腳上，而右拳
變割掌下割乙方打來拳外簾
或內簾，左割掌化鶴拳打在
乙方臉骨上（圖445）。

184. 托樑換柱

依上勢，雙掌外攤，當轉成陽掌時，兩手促勁往上推託，注意兩手留中（圖446）。

圖 446

拆門解義

（1）雙方準備格鬥（圖447）。

圖 447

（2）甲方以沖拳打擊乙方；乙方即以雙手上托甲方打來的沖拳（圖448）。

圖 448

圖 449

185. 鉤鐮膀手

依上勢，身腰馬稍向左轉。右手成膀手膀住木樁下手，左拜掌護於右胸前（圖449）。

圖 450

拆門解義

接上勢，甲方以右沖拳打乙方腹部；乙方即以側身右抵膀手膀住甲方右沖拳（圖450）。

圖 451

186. 沉肘沖拳

依上勢，身腰馬坐正。右膀手沉肘變日字沖拳猛擊木樁面部，左拜掌不動（圖451）。

拆門解義

接上勢，當乙方偏身以右下膀膀住甲方打來的拳時即轉身坐正，沉肘壓甲方來拳之肘，右拳直打甲方臉部或下頜（圖452）。

圖 452

187. 沉橋按掌

依上勢，以長橋促勁，用掌根下按木椿下手，左拜掌不動（圖453）。

圖 453

拆門解義

接上勢，當乙方偏身以右下膀膀住甲方打來拳時，即坐正身，打沖拳。如甲方右手鉤抽或在甲方沒反映過來，乙方又以右手拉按甲方右拳（圖454）。

圖 454

圖 455

188. 連環沖拳

依上勢，下按掌變日字
沖拳向上猛擊木椿面部，左
拜掌不動（圖455）。

圖 456

拆門解義

接上勢，甲方又沖左拳
打擊乙方頭部；乙方即連招
帶打以右直沖拳打擊甲方臉
部，右手二桐仍管住甲方左
沖拳內簾，或在甲方沒反映
過來又打出右拳（圖456）。

圖 457

189. 白鶴晾翼

依上勢，右拳轉抬肘，
掌向耳後收，右肘直撞向木
椿面部（圖457）。

拆門解義

接上勢，當乙方直拳打出以後，不管打不打中甲方，即將右拳後拉起，肘從下向上打甲方下頜，左手可看管甲方的右手，或拜掌護住胸前（圖458）。

圖 458

190. 沉橋按掌

依上勢，收右肘，右掌下按木樁下手，左拜掌不動（圖459）。

圖 459

拆門解義

（1）接上勢，如甲方以沖拳打乙方；乙方右手即轉下按，按住甲方打來的右拳橋面（圖460）。

圖 460

圖 461

（2）也可直接打一個連沖拳（圖461）。

191. 白鶴晾翼

依上勢，右按掌向耳後收，右肘尖由下而上直撞出，猛擊木樁的面部（圖462）。

圖 462

拆門解義

接上勢，當乙方按住甲方右手時，乙方及時將右拳後拉起，肘直從內即從下至上撞擊甲方面部或下頜部位（圖463）。

圖 463

192. 托櫊換柱

依上勢，雙掌外攤，當轉成陽掌時，兩手促勁往上推託，注意兩手留中（圖464）。

圖 464

拆門解義

（1）雙方準備格鬥（圖465）。

圖 465

（2）乙方以沖拳打擊甲方；甲方即以托手托乙方打來的沖拳（圖466）。

圖 466

圖 467

193. 鉤鐮膀手

依上勢，身腰馬向右轉。左手成膀手膀住木樁下手，右拜佛掌護於左胸前（圖467）。

圖 468

拆門解義

接上勢，乙方以左拳打擊甲方腹部；甲方即以側身左低膀手膀住乙打來的左拳（圖468）。

圖 469

194. 沉肘沖拳

依上勢，身腰馬坐正。左膀手沉肘變日字沖拳，猛擊木樁面部，右拜掌不動（圖469）。

拆門解義

接上勢，當甲方偏身以左下膀手膀住乙方打來拳時，即隨身坐正，沉肘壓乙方打來拳後，左拳直打乙方臉部（圖470）。

圖 470

195. 沉橋按掌

依上勢，以長橋促勁，左手用掌根勁，下按木樁下手，右拜掌不動（圖471）。

圖 471

拆門解義

接上勢，當甲方沖拳打乙方，在乙沒反映過來時，即又將左拳轉拉手，拉按乙方左手（圖472）。

圖 472

圖 473

196. 連環沖拳

依上勢，下按掌變日字拳向上猛擊木樁面部，右拜掌不動（圖473）。

圖 474

拆門解義

接上勢，乙方以右沖拳打擊甲方頭部；甲方即以左直沖拳以連招帶打，打擊乙方臉部，左手二桐仍看管乙方右沖拳內簾（圖474）。

圖 475

197. 白鶴晾翼

依上勢，左拳向耳後收，右肘尖由下而上直撞出，猛擊木樁的面部（圖475）。

拆門解義

接上勢，甲方左直拳打
出以後，不管打不打中乙
方，即將左拳後拉，起時從
下向上抬打乙方下頜，右護
掌封乙方手（圖476）。

圖 476

198. 沉橋按掌

依上勢，收回左肘尖，
然後變掌下按木椿下手（圖
477）。

圖 477

拆門解義

接上勢，如乙方將左直
拳沖打甲方心口；甲方左手
即又轉下按，按住乙方打來
的左拳拳面（圖478）。

圖 478

圖 479

199. 白鶴晾翼

依上勢，左按掌向耳後收，右肘尖由下而上直撞出，猛擊木樁的面部（圖479）。

圖 480

拆門解義

接上勢，當甲方托住乙方左手時，甲方即將左拳後拉起，肘直，從下至上抬肘撞擊乙方面部（圖480）。

圖 481

200. 托樑換柱

依上勢，雙掌外攤，當轉成陽掌時，兩手促勁往上推託，注意兩手留中（圖481）。

圖 482

拆門解義

（1）雙方準備格鬥（圖
482）。

（2）甲方以雙沖拳打
擊乙方中上路；乙方以雙手
上托甲方來的雙拳（圖483）。

圖 483

201. 獅子滾球

依上勢，雙手托木樁手
（四指上翹）後圈割木樁外
簾，成雙弓背手（圖484）。

圖 484

圖 485

拆門解義

接上勢，當乙方雙手都托住甲方雙肘時，轉獅子滾球，即雙手內圈腕內割，由上至下轉猛虎扒沙（圖485）。

圖 486

202. 猛虎扒沙

依上勢，四指搶入內簾，運掌根勁以掌打向木樁左、右兩肋（圖486）。

圖 487

拆門解義

接上勢，乙方雙手即內轉打甲方雙肋，也可化雙虎爪直插甲方雙肋部（圖487）。

203. 將臺鉗陽

依上勢，雙手成拜佛掌，再
化雙掌握拳收回至將台（圖
488）。

拆門解義

接上勢，該勢不做技擊之
解，可參照前童子拜佛，在此只
做開勢與收勢輔助練習。

圖 488

204. 收拳收馬

依上勢，雙拳變掌下按後垂
指。雙腳收馬，兩腳跟內收成反
「八」字，再收兩腳尖成「八」
字，最後雙腳跟內收半步，使雙
腳歸原位（圖489）。

拆門解義

當該勢收完馬後，即轉下一
動作立正還原，雙手沿褲縫下按
成立正勢，全套木人樁完。

圖 489

205. 立正還原

圖490。
全套木人樁練完。

圖 490

後　記

　　早在幾年前，受詠春拳前輩師傅的重托，把詠春拳整理成書。在沒有很多歷史記載、沒有任何資料又找不到頭緒的情況下，我下定決心，不怕艱辛，不怕苦累，決心要把詠春拳整理成系列叢書，讓更多的武術愛好者學習詠春拳、瞭解詠春拳。

　　在這一過程中，我克服了種種說不出、講不清的困難，並得到師兄韓廣平、摯友楊偉江的鼎力相助，在山西科技出版社的大力支持和幫助下，《詠春拳入門必讀》、《詠春拳小念頭》、《詠春拳尋橋標指》、《詠春拳黏手與散打》、《詠春拳木人樁》武術叢書終於出版了，滿足了廣大武術愛好者的需求，完成了師傅的遺願和歷代詠春祖師的心願——發揚光大。

　　詠春拳叢書的問世，受到廣大武術愛好者的好評，他們紛紛來電來函，與我交流切磋，特別是《詠春拳木人樁》，更希望在學習木人樁法時能結合實際，在實踐中得到應用。為此，我又編寫了《詠春拳木人樁應用法》，以便初學者能儘快掌握木人樁的拆打實戰技法。

　　值得慶幸的是，在編寫過程中，筆者得到詠春前輩梁文樂先生的指點。梁文樂先生為詠春拳七代嫡傳，是佛山詠春師祖梁贊先生的曾孫，梁碧和先生的孫子。梁碧和先

生是詠春拳五代嫡傳宗師，葉問大師的詠春師傅。梁文樂先生已89歲高齡，還親臨佛山指點迷津，與我切磋交流，並耐心闡述詠春拳的歷史，把詠春門兵器之一的詠春鞭（神仙鞭）無私地捐獻出來，而且鼓勵我把四門、伏虎、佛掌等套路整理出來。

　　我希望此書出版能起到拋磚引玉的作用，為發揚光大這一寶貴的民族文化遺產起到一定的推動作用。

韓廣玖

太極武術教學光碟

太極功夫扇
五十二式太極扇
演示：李德印 等
(2VCD)中國

夕陽美太極功夫扇
五十六式太極扇
演示：李德印 等
(2VCD)中國

陳氏太極拳及其技擊法
演示：馬虹(10VCD)中國
陳氏太極拳勁道釋秘
拆拳講勁
演示：馬虹(8DVD)中國
推手技巧及功力訓練
演示：馬虹(4VCD)中國

陳氏太極拳新架一路
演示：陳正雷(1DVD)中國
陳氏太極拳新架二路
演示：陳正雷(1DVD)中國
陳氏太極拳老架一路
演示：陳正雷(1DVD)中國
陳氏太極拳老架二路
演示：陳正雷(1DVD)中國
陳氏太極推手
演示：陳正雷(1DVD)中國
陳氏太極單刀・雙刀
演示：陳正雷(1DVD)中國

楊氏太極拳
演示：楊振鐸
(6VCD)中國

本公司還有其他武術光碟
歡迎來電詢問或至網站查詢
電話：02-28236031
網址：www.dah-jaan.com.tw

原版教學光碟

歡迎至本公司購買書籍

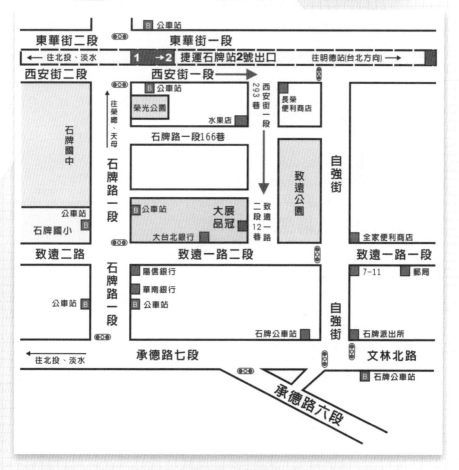

建議路線

1. 搭乘捷運 · 公車

　　淡水線石牌站下車，由石牌捷運站２號出口出站(出站後靠右邊)，沿著捷運高架往台北方向走(往明德站方向)，其街名為西安街，約走100公尺(勿超過紅綠燈)，由西安街一段293巷進來(巷口有一公車站牌，站名為自強街口)，本公司位於致遠公園對面。搭公車者請於石牌站(石牌派出所)下車，走進自強街，遇致遠路口左轉，右手邊第一條巷子即為本社位置。

2. 自行開車或騎車

　　由承德路接石牌路，看到陽信銀行右轉，此條即為致遠一路二段，在遇到自強街(紅綠燈)前的巷子(致遠公園)左轉，即可看到本公司招牌。

國家圖書館出版品預行編目資料

詠春拳木人樁應用法／韓廣玖　著
——初版，——臺北市，大展，2011〔民 100 . 05〕
面；21 公分，——（實用武術技擊；27）
ISBN 978 – 957 – 468 – 810 – 4（平裝；附影音光碟）

1. 拳術　2. 中國

528 . 972　　　　　　　　　　　　　　　　100003893

詠春拳木人樁應用法 +VCD

著　　者／韓 廣 玖
責任編輯／王 耀 平
發 行 人／蔡 森 明
出 版 者／大展出版社有限公司
社　　址／台北市北投區（石牌）致遠一路 2 段 12 巷 1 號
電　　話／（02）28236031 · 28236033 · 28233123
傳　　眞／（02）28272069
郵政劃撥／01669551
網　　址／www.dah−jaan.com.tw
E - mail ／ service@dah−jaan.com.tw
登 記 證／局版臺業字第 2171 號
承 印 者／傳興印刷有限公司
裝　　訂／建鑫印刷裝訂有限公司
排 版 者／弘益電腦排版有限公司
授 權 者／山西科學技術出版社
初版 1 刷／2011 年（民 100 年）5 月

定 　價／300 元